SERVICE ROLE PLAY

기내에서 발생할 수 있는 구체적인 상황을 사례로 제시

서비스 롤플레이

조희수 저

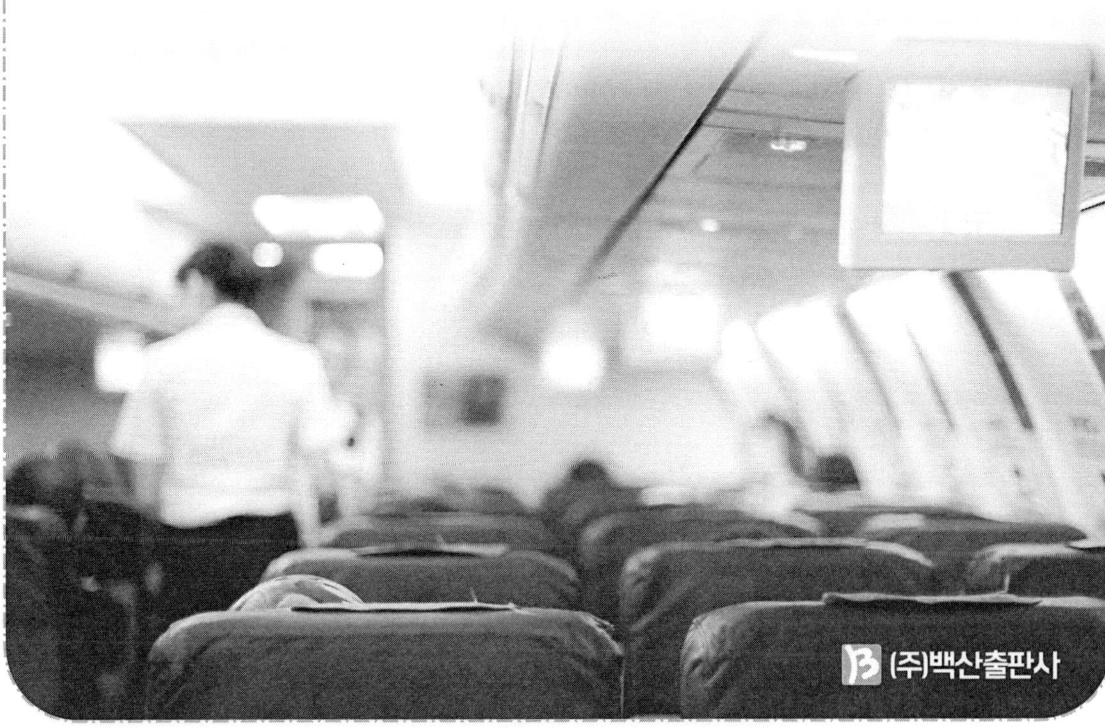

(주)백산출판사

머리말

사회환경의 급속한 변화에 따라 항공산업 역시 빠르게 변화하고 있으며 우리나라의 항공운송여객도 매년 꾸준히 증가하고 있다. 전통적인 대형 항공사 외에 신규 저비용항공사의 출범으로 새로운 항공기 도입 및 신규 노선 그리고 항공종사자는 매년 지속적으로 증가하고 있다. 이처럼 항공운송업계는 여객부문의 성장세에 힘입어 호조를 이어가고 있으며 다양한 국내지방과 해외 간 노선 추가 등은 항공사 객실승무원의 수요를 발생시키는 요인으로 꼽힌다.

이처럼 항공사 객실승무원의 취업기회가 확대됨에 따라 서비스 전문인력인 항공사 객실승무원의 채용규모 확대와 인적 자원 관리에 총력을 기울이고 있으며 항공사마다 차별화된 전략으로 급속한 성장을 거듭하고 있다.

이 책은 저자의 실무경험을 기반으로 하여 항공사 객실승무원을 희망하는 분이나 항공서비스를 전공하는 학생들이 기내서비스 지식을 익힐 수 있도록 강의 교육내용을 국가직무능력표준(NCS : National Competency Standards)을 기반으로 재구성하여 집필하였다. 기내서비스의 기본적인 이해를 바탕으로 실질적인 기내업무를 수행할 수 있도록 구성하였고 승객 탑승에서부터 항공기가 목적지에 도착할 때까지 기내에서 발생할 수 있는 구체적인 상황을 사례로 제시하여 업무 흐름을 파악하고 실습으로 익힐 수 있도록 편집하였다.

이 책의 구성은 다음과 같다.

1장에는 객실승무원의 기본적인 Appearance를 갖추기 위한 이미지메이킹을 담았다. 2장에는 기내서비스 표준 동작으로 NCS를 기반으로 승객탑승 전 준비

단계부터 승객하기 후 관리, 응급환자 대처 등의 서비스 시점에 따라 객실승무원이 수행해야 하는 역할을 단계별로 나누어 설명하였으며, 각 능력단위별 요소와 학습내용을 제시하였다. 3장에는 고객만족 서비스를 구현하기 위한 고객 성향과 고객응대 방식을 이해하기 쉽게 구성하였다. 4장에는 실제 항공사에서 일어났던 칭송사례와 불만사례를 바탕으로 칭송/불만의 원인과 이유를 논리적으로 파악하여 고객만족을 넘어 고객감동을 실현할 수 있는 방법을 터득하도록 하였다. 마지막으로 5장은 총괄 서비스로 국내선 서비스와 국제선 서비스의 기내서비스 업무 흐름을 전체적으로 파악하고 최종적으로 실습할 수 있도록 구성하였다.

항공사의 기내서비스와 인적 자원의 관리는 기업성과와 직결되는 요인이며 승객의 요구에 맞는 서비스를 실현하기 위해서는 객실승무원의 올바른 서비스마인드의 함양과 공손한 태도를 갖추는 것이 매우 중요하다. 또한 항공 정보와 외국어 실력, 기내방송, 풍부한 일반상식의 습득은 고객을 응대하고 현장 적응력을 높이는 데 큰 도움이 될 것이다.

본 교재를 통해 항공사 면접에 응하는 많은 독자들이 합격하기를 바라며 이 책의 출간이 있기까지 자료제공 및 편집, 내용 감수에 도움을 주신 모든 분께 지면을 통해 깊은 감사의 마음을 전한다.

2020년 2월
저자 씀

목차

제 1 장

객실승무원의 이미지메이킹

제 2 장

기내서비스 표준 동작

제 3 장

고객감동 서비스

제4장 고객의 말씀 사례연구

제5장 총괄 서비스 롤 플레이

제 1 장

객실승무원의 이미지메이킹

제 1 장

객실승무원의 이미지메이킹

1. 이미지의 정의

이미지란 감각 대상에 대해 감지된 정보가 마음속에서 정보처리의 과정을 거치면서 재구성되어 만들어지는 형상이며, 어떤 사람이나 사물에 대한 가지는 시각상이나 기억, 인상, 평가 및 태도의 총체이다. 이미지는 영상으로부터 전해져 오는 느낌과 그 느낌에 대한 인식주체의 확신은 실재를 뛰어넘을 만큼 강력한 영향력을 발휘한다. 또한 한 사람의 개인이미지는 시각적, 청각적, 감각적 단서를 통해 인지할 수 있는 직접적이며 즉각적인 외적 이미지보다 근본적이고 장기적이며 경험적 인식체계를 통해 인식되며 그 이상의 저력을 갖는 내적 이미지로 구성된다.

2. 이미지의 구성요소

한 사람의 이미지를 인식하는 단서는 '청각적 요소'와 '시각적 요소' 그리고 '말의 내용' 등이며 다음의 그림에서 볼 수 있듯이 시각적 요소가 높은 비중을 차지한다.

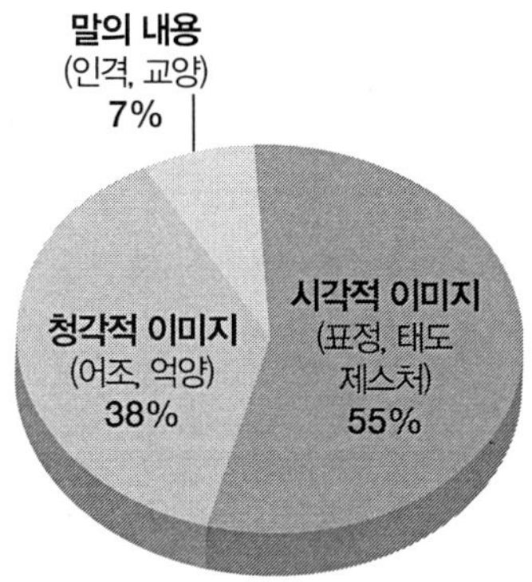

출처: 알버트 메러비안 차트(알버트 메러비안: 미국 캘리포니아 심리학과 교수)

표 1 이미지의 구성요소

구성요소	시각적 이미지	청각적 이미지	말의 내용
하위요소	표정, 태도 제스처	목소리, 어조, 억양	인격, 교양
객실승무원 행동	인사자세/ 공수자세	발음	간결성
	동작	목소리 크기	논리성
	시선처리	말의 속도	명료성
	얼굴표정	목소리 톤	정확성
	메이크업/헤어상태	말투/ 경어 사용	이해력
	자연스러운 제스처	머뭇거림/간투사	적극성

※ 저자 구성

3. 객실승무원의 이미지메이킹

항공운송산업은 항공사 객실승무원의 인적 자원 의존도가 매우 높은 대표적인 서비스 산업 중 하나이다. 항공서비스 분야에서 고객과의 직접적인 대면시간이 가장 길고 즉각적인 상황판단과 문제해결능력을 요구하고 있기 때문에 항공사 객실승무원의 역할은 매우 중요하다. 또한 Reis & Wheeler(1980)는 외형적 매력이 높은 사람은 사회적 기술이 좋고 따뜻하여 설득력을 가진다고 하였으며 신체적 매력을 가진 사람이 우호적이고 침착하며 그 결과로 고객의 태도를 바꾸는 데 영향을 준다고 하였다. 이에 객실승무원은 회사가 규정하는 객실승무원의 자질에 대한 부분을 이해하고 충실히 이행 · 유지해야 하며 단정하고 깨끗한 용모, 유연하고 합리적인 태도, 공손하고 바른 대화 등을 구사할 수 있어야 한다.

1) 객실승무원의 용모

객실승무원의 용모는 유니폼에서 느껴지는 직업적인 이미지와 깨끗한 메이크업, 호감 가는 인상 등을 의미한다. 항공사마다 추구하는 이미지는 상이할 수 있으나 기본적으로 건강상태와 밝고 우아한 외모를 유지해야 한다.

(1) 피부

건강한 피부와 건조한 기내환경에서도 혈색 있는 피부상태를 유지해야 한다.

(2) 치아

활짝 웃는 얼굴에 가지런한 치아는 보는 사람에게도 좋은 인상을 심어주기 때문에 객실승무원에게 치아관리는 매우 중요하다. 치아가 깨지거나 삐뚤삐뚤한 경우 치아관리를 통해 건강한 치아를 유지해야 한다. 또한 담배나 커피 등으로 인해 착색이 심한 경우에는 미백관리를 통해 깨끗한 치아를 유지해야 한다.

(3) 객실승무원의 Make Up

객실승무원은 승객들에게 호감 가는 인상을 주기 위해 단정하고 화사한 화장을 연출할 수 있어야 하며, 유행을 지나치게 따르는 화장법이나 진한 화장은 유니폼에 어울리지 않으니 회사에서 지급한 유니폼과 어울리는 자연스러운 화장을 연출해야 한다.

- 밝고 건강한 Make Up
- 유니폼에 어울리는 Make Up

- 상대방에게 부드러운 인상을 줄 수 있는 Make Up

■ 메이크업 순서

① 베이스 메이크업: 자연스럽고 지속성 있는 메이크업을 하려면 유분과 수분의 균형 잡힌 맑고 투명한 피부가 기초가 되어야 한다. 메이크업에 앞서 정성스러운 세안과 마사지로 충분한 영양을 공급해 줘야 보다 자연스럽고 산뜻한 메이크업을 할 수 있다.

Base Make up 방법

- 뺨의 안쪽에서 바깥쪽으로 원을 그리며 마시지한다.
- 부위별로 이마, 코, 뺨 등을 마사지한다.
- 화장솜에 화장수를 발라 수분을 공급한다.
- 손바닥의 체온을 통해 화장수가 피부에 잘 스며들도록 얼굴을 감싼다.
- 얼굴에 바르고 남은 화장품은 목에 바르며 영양을 공급한다.
- 영양크림이나 에센스를 바른다. 티슈로 가볍게 눌러 유분을 없애준다.
- 눈가, 입술에 아이크림을 발라 피부를 보호한다.

알아둡시다

▨ **Make up 단계**

세안 → 스킨, 로션, 아스트린젠트 → 메이크업 베이스 → 컨실러 → 파운데이션 → 파우더 → 눈썹 → 아이섀도 → 아이라인 → 마스카라 → 립 메이크업 → 볼터치

② 자외선차단제: 기초화장 후, 자외선과 유해물질로부터 피부를 보호하기 위해 자외선차단제를 바른다.

자외선차단제를 사용하는 이유

- 색소 침착을 예방한다.
- 피부 트러블을 방지하고 피부암을 예방한다.

③ **메이크업 베이스:** 파운데이션이나 파우더의 효과를 극대화시키기 위한 보조 파운데이션으로 피부색의 단점을 커버하여 생기 있고 깨끗한 피부로 연출한다. 밝고 화사한 피부를 연출하기 위해 자신의 피부색에 따라 메이크업 베이스를 선택해서 바른다.

피부 타입별 메이크업 베이스 색상

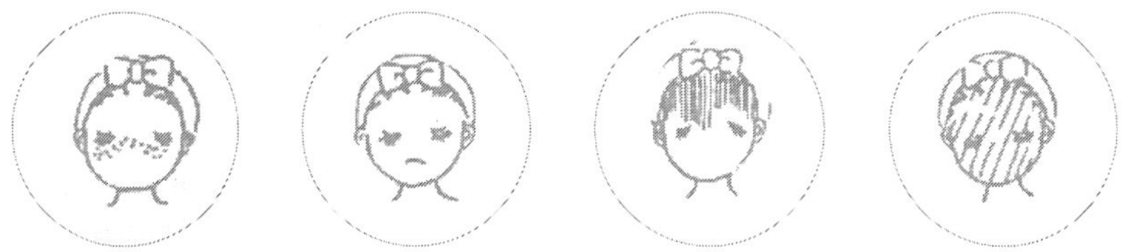

붉은 피부	노란 피부	창백한 피부	칙칙한 피부
잡티 있는 피부		혈색 보강을 위해	어두운 피부
Pink색 사용	Purple색 사용	Green색 사용	White색 사용

* 특히, 건성피부의 경우 피부 건조를 막기 위해 반드시 메이크업 베이스를 바른다.

④ **컨실러:** 얼굴의 점, 기미, 잡티, 흉터, 다크서클 등 피부의 결점을 보완하기 위해 사용한다.

컨실러를 사용하는 이유

- 피부보정 효과가 있다.
- 다크서클, 기미, 뾰루지, 콧망울, 입 주변(어두운 부분)의 피부를 좋은 피부와 균형 있게 하기 위함이다.

⑤ **파운데이션:** 완벽한 메이크업은 맑고 깨끗한 피부 표현에서 시작된다. 피부 표현을 위한 베이스 메이크업의 완성은 파운데이션을 바른 후 파우더의 마무리로 끝난다. 특히 객실승무원의 경우 자연스러운 메이크업이 강조되므로 자신의 피부에 맞는 파운데이션 색상을 선택하여 얼굴중심 부분을 먼저 바

른 후 여분으로 턱이나 다른 부분을 두드려서 바르고 목과 얼굴선의 경계가 드러나지 않도록 잘 펴서 바른다.

파운데이션의 종류

- 리퀴드 파운데이션은 피부에 얇게 발라지며 투명한 피부를 연출한다.
- 크림 파운데이션은 커버력이 높아 결점을 보완하는 데 효과적이다.

⑥ 파우더: 파운데이션의 수분이나 유분을 눌러 피부에 잘 스며들도록 하는 역할을 한다. 여러 가지 색상이 있으며 일반적으로 투명타입의 파우더가 가장 자연스럽게 마무리된다. 파우더 양이 많을 경우 피부가 건조할 수 있으니 양의 조절이 중요하다.

파우더의 종류

- 가루파우더(loose powder)
- 압축파우더(pressed powder)
- 트윈케익(powder foundation)

표 2 파운데이션과 파우더의 조화

파운데이션	파우더	효과 사용
밝은 색	핑크	생기 있는 피부효과
	베이지	자연스러운 투명메이크업
중간 색	그린	노란 피부 톤을 화사하게
	베이지	약간 어둡게
	퍼플	피부가 칙칙해 보일 때
짙은 색	다크 베이지	선탠(Suntan), 건강미 표현
	오렌지	어둡게 표현

⑦ 눈썹: 눈썹은 얼굴 전체의 이미지를 좌우한다. 따라서 자신의 얼굴형에 어울리는 자연스러운 눈썹을 그리는 것이 중요하다. 주기적으로 눈썹정리를 하

여 깔끔하게 다듬은 뒤, 자연스럽게 눈썹의 윤곽을 메운다. 눈썹의 색상은 헤어색상과 동일하게 연출하고 끝부분이 길거나 진하게 그려진 눈썹은 나이 들어 보일 수 있다.

Eye Brow 그리는 방법

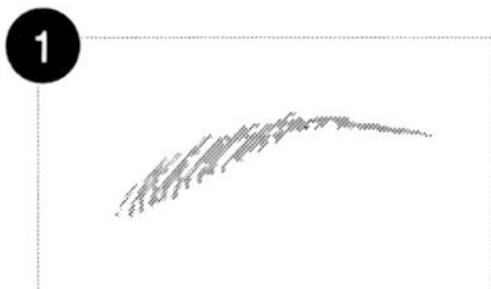

1 눈썹 머리, 눈썹꼬리, 눈썹산 등 눈썹 전체의 모양을 잡는다.

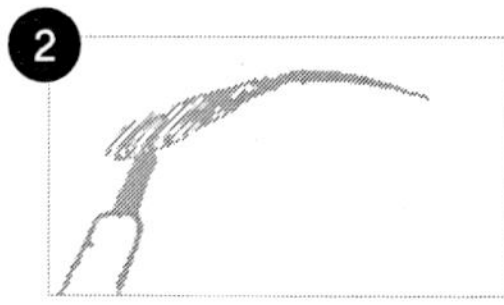

2 눈썹 결에 따라 펜슬로 형태를 잡는다.

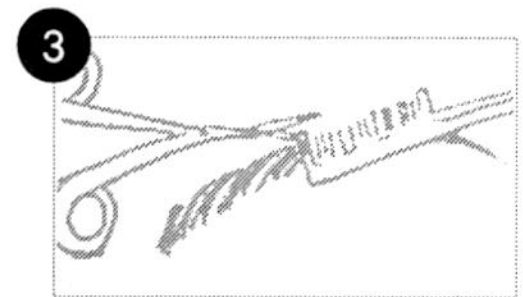

3 눈썹빗으로 빗어 길게 나오는 눈썹을 가위로 정리한다.

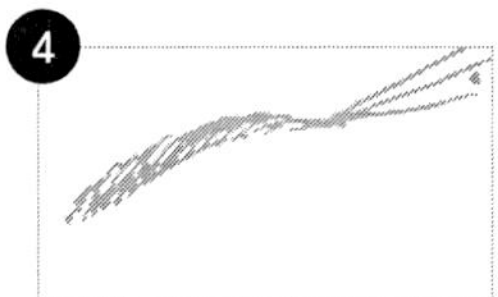

4 눈썹을 가지런하게 빗은 다음 형태를 벗어난 주변 눈썹을 가위로 잘라낸다.

5 눈썹에 펜슬자국이 남지 않도록 스크루 브러쉬로 눈썹을 쓸어 올리듯 빗어준다.

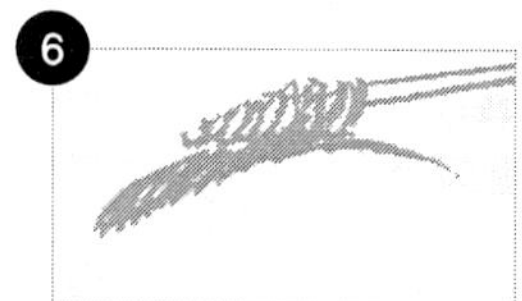

6 모발과 비슷한 아이섀도를 아이 브로우 브러쉬에 묻혀 눈썹 속을 메워준다.

⑧ 아이섀도: 눈은 마음의 창이다. 눈 주위에 음영을 넣어 눈을 보다 크고 아름답게 만드는 것이 아이섀도의 역할이다. 색상은 자신에게 잘 어울리는 쿨/웜 타입에 맞추어 잘 어울리는 것으로 선택하는 것이 좋으며 지나친 개성 위주의 메이크업보다는 보는 이로 하여금 편안한 느낌을 갖게 하는 온화한 색상의 아이 메이크업이 요구된다. 펄이 많이 들어간 아이섀도는 눈이 부어 보일 수 있고 유분기가 많은 크림타입 역시 유니폼에 어울리지 않는다.

아이섀도 관련용어

- Base: 계열색 중 가장 밝은 색으로 눈두덩이 전체에 펴 발라 색상을 고루 보정해 준다.
- Gradation: 눈 화장의 분위기를 좌우하는 중심이 되는 색상으로 눈을 감았을 때 눈

동자가 만져지는 부분에 뭉치지 않게 잘 펴 발라준다.

- Point: 계열색 중 가장 진한 색으로 눈 끝부분에 살짝 칠한 후 잘 펴준다.
- Highlight: 아주 밝은 색으로 눈썹 뼈 부분에 펴 바른다.

알아둡시다

▨ Brown Tone을 이용한 Eye Shadow

- Base: White나 Ivory색으로 눈두덩이 전체에 펴 바른다.
- Gradation: Orange 또는 Orange+Brown의 색상으로 눈두덩이의 중심부분을 감싼다.
- Point 계열색 중 가장 진한 Dark Brown으로 눈 끝에 살짝 덧바른다.
- Highlight White나 Ivory로 눈썹 뼈부분에 펴 바른다.

⑨ 아이라인: 아이라인은 눈의 이미지를 자유롭게 변화시키고 눈의 인상을 보다 강하게 한다. 아이라인은 섀도 위에 그려지는 부분으로 실패하지 않도록 신중하게 그려야 한다. 아이라이너는 부드럽고 자연스럽게 그려지는 Pencil Type과 지속성이 길고 가늘게 그려지는 Liquid Type으로 나누어지며 초보자에겐 실패할 확률이 적은 Pencil Type이 적당하다.

Eye Line 그리는 방법

눈시울 중앙에서 꼬리를 향해 그리기 시작한다.

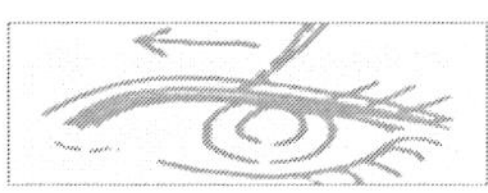

눈시울 중앙에서 눈머리를 향해 그린다.

Tip에 Shadow를 묻혀 아래 눈시울의 1/3선까지 Line을 그린다.

⑩ 마스카라: 짙고 풍성한 속눈썹은 아름다움의 상징이다. 속눈썹은 마스카라를 바름으로써 더욱 새로운 분위기를 연출할 수 있다. 마스카라 사용 시에는 본래의 눈썹색이 두드러지지 않도록 세심하게 발라야 진하고 숱이 많아 보여 보다 그윽한 눈매를 연출할 수 있다.

⑪ **립 메이크업:** 얼굴에서 가장 두드러지며 많이 움직이는 부분이 입술이다. 실제로 입술은 메이크업 시 색상이나 모양이 유행을 많이 따르는 부분으로 자신의 입술모양에서 너무 벗어나지 않도록 자연스럽게 그리는 것이 중요하다. 색상 또한 유니폼과 자신의 피부색에 어울리는 것을 선택하는 것이 좋은데 어둡지 않은 붉은 계열의 립스틱이 일반적인 색상이다.

Lip Make Up 그리는 방법

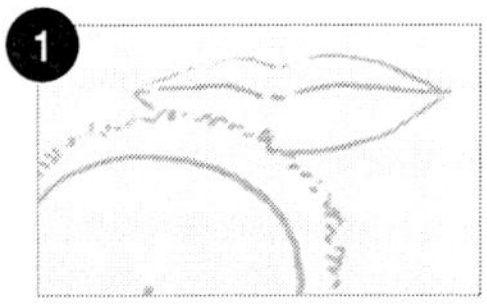

Powder를 발라 입술의 윤곽을 지운다.

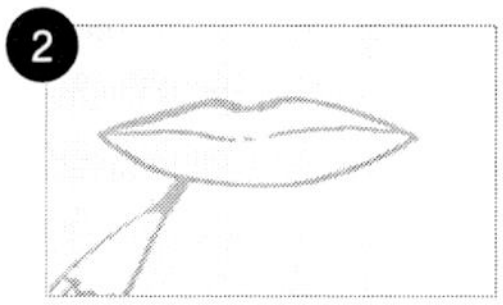

Lip Pencil로 윤곽을 그린다.

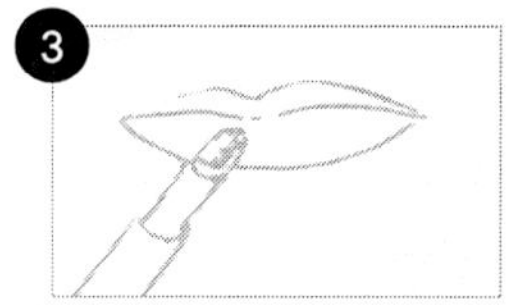

Brush에 Lipstick을 발라 아랫입술부터 바른다.

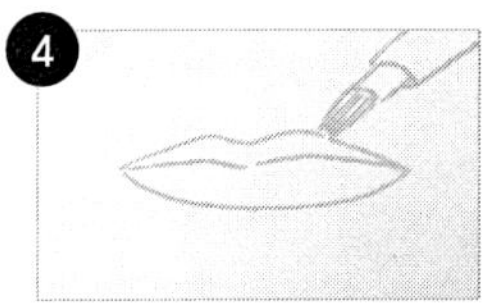

Brush를 이용하여 입술산을 그린다.

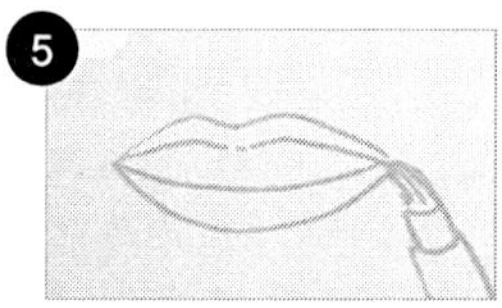

입꼬리에 Lipstick을 칠한다.

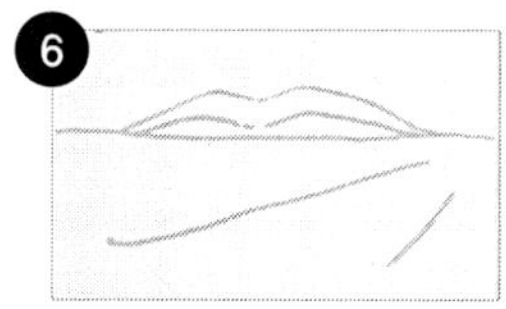

Tissue로 가볍게 눌러 유분을 제거한다.

⑫ **볼터치:** 메이크업을 마무리하는 단계로 얼굴의 혈색을 좋게 하고 음영을 주어 얼굴형의 결점을 보완해 준다. 색상은 Eye Shadow와 같은 계열을 선택하는 것이 자연스러우며 얼굴형을 수정하는 지나친 개성 연출의 화장보다는 피부를 화사하게 하고 혈색을 주는 차원에서 볼 부위에 살짝 덧바르는 것이 좋다.

볼터치의 위치

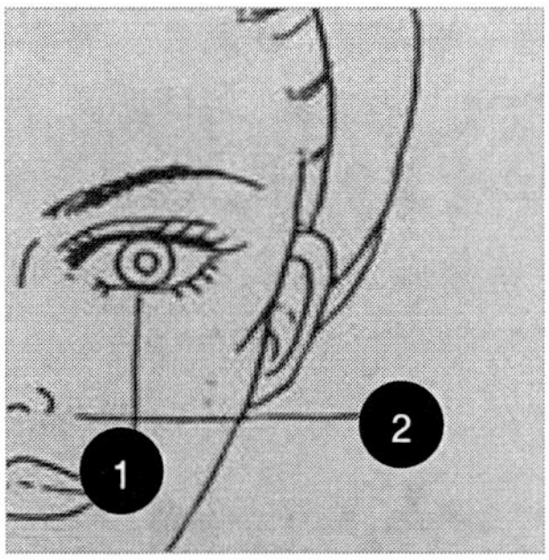

①은 눈동자 중심에서 똑바로 내려 그은 선.
②는 코 끝에서 귀 쪽으로 수평하게 그은 선으로 볼터치의 위치는 ①의 바깥쪽, ②의 위쪽에 위치하도록 한다.

* 볼터치는 지나치게 짙거나 뭉치게 되면 역효과가 나므로 경계선이 생기지 않도록 하며 정면에서 보았을 때 눈동자 안으로 들어오지 않도록 한다.

(4) 헤어상태

객실승무원의 헤어상태는 항상 청결하고 단정해야 하며 유니폼 및 얼굴형과 조화를 이루어야 한다. 아울러 객실승무원의 근무 특성상 장시간 비행에도 규정된 헤어스타일이 유지되어야 하며 짧은 시간에도 손질이 가능해야 한다. 헤어는 올림머리와 단발머리로 구분하여 연출이 가능하며 자신의 얼굴형과 항공사의 제복에 맞는 헤어스타일을 선택하면 된다. 항공사마다 헤어와 관련된 규정이 다양하지만 컬이 살아 있는 펌, 화려한 염색, 가발 사용은 원칙적으로 금지되어 있다.

■ 헤어 손질법

- **올림머리**: 정수리의 볼륨을 주고 싶은 부위에 머리를 들어 드라이를 한 후, 꼬리 빗을 이용하여 '백홈'으로 풍성하게 연출한다. 헤어망을 이용하여 망 속에 머리를 넣고 단단하게 고정한 뒤, 실핀이나 U자 핀을 끼워준다. 보조핀은 2개까지 허용되며 잔머리가 나오지 않도록 스프레이로 고정한다.
- **단발머리**: 짧은 단발머리는 헤어드라이를 이용하여 웨이브를 없애고 가지런히 정리한다. 앞머리는 눈을 가리지 않아야 하고 옆으로 머리가 흘러나오지

않도록 실핀과 헤어밴드 등을 이용하여 고정한다. 고정핀은 1개까지 허용되며 색상은 검정과 브라운이 무난하다.

- **남승무원의 헤어 손질법**: 남승무원은 단정하고 깔끔한 헤어스타일을 유지해야 한다. 파마, Short Cut, 단발머리 등의 헤어스타일은 허용하지 않으며 앞머리는 흘러내리지 않도록 머릿결에 따라 포마드나 물기름, 왁스 등을 바른다. 옆머리는 귀를 덮지 않아야 하며 뒷머리는 셔츠의 깃이 상단에 닿지 않아야 한다. 곱슬머리는 헤어드라이기를 사용하여 컬을 펴야 한다.

(5) 유니폼 상태

객실승무원의 유니폼은 회사를 대표하는 복장으로 직업의식과 소속감을 높이는 데 큰 역할을 한다. 유니폼은 회사에서 지급한 완전한 상태로 착용해야 하며 청결하고 단정한 상태를 유지한다.

(6) 액세서리

객실승무원은 유니폼에 필요한 액세서리를 착용하고 단정하고 우아한 이미지를 부각하기 위해 심플한 액세서리를 착용해야 한다.

올바른 액세서리 착용법

- **시계**: 객실승무원의 시계 착용은 필수이다. 화려한 디자인이 아닌 심플하고 단정한 시계를 착용한다. 가죽 Type과 골드 및 실버를 사용할 수 있으며 화려한 색상이나 장식은 피한다.
- **반지**: 반지도 한 개까지 착용할 수 있으며 심플한 디자인을 선택하도록 한다.
- **목걸이**: 목걸이도 화려한 것보다는 단아하고 심플한 것을 착용하고 유니폼 밖으로 보이지 않도록 연출해야 한다.
- **귀걸이**: 부착형을 선택해야 하며 크기는 5mm 이내로 제한한다. 피어싱을 착용하는 것은 금하며, 한쪽 귀에 한 개의 귀걸이만 착용하도록 한다.

- 팔찌: 팔찌는 규정상 금지되어 있다.
- 넥타이핀: 남승무원의 경우 넥타이핀은 회사에서 지급한 것만 착용하며 넥타이를 맨 상태에서 2/3 위치에 한다.
- 스타킹: 회사에서 지급한 색상의 스타킹을 항상 신어야 하며 손상이 많이 가는 품목이므로 늘 주의하며 여유분을 지참하도록 한다.
- 양말: 제복의 바지와 동일한 색상으로 선택하고 발목이 보이는 양말은 금지한다.

(7) 매니큐어

손은 항상 청결히 유지하고 손톱의 길이는 1mm 이내를 유지한다. 매니큐어는 반드시 바르고 색상은 너무 진하거나 유행에 민감한 계열은 피한다.

(8) 향수

향수는 외출하기 30분 전에 피부에 직접 발라주는 것이 좋다. 알코올이 증발하고 비로소 향이 나기 시작하는 시간이기 때문이다. 향수는 손목이나 귀 뒤 등 동맥이 뛰는 위치에 발라주어야 향이 오래 지속된다. 객실승무원은 향수를 꼭 사용하며, 자신이 좋아하는 타입의 향수를 선택할 수 있다. 은은하고 부드러운 향을 선호하며 너무 많이 뿌리거나 진한 향은 피하도록 한다. 또한 식사서비스 직전에 향수 뿌리는 것을 자제해야 하는데 그 이유는 향이 강하면 음식의 향을 방해하기 때문이다.

(9) 렌즈

미용을 목적으로 하는 컬러렌즈와 서클렌즈의 착용은 금지되어 있다.

(10) 면도

남승무원의 경우 반드시 면도를 해야 하며, 면도 후 피부가 건조하지 않도록 로션을 바른다. 또한 코털이 나오지 않도록 늘 관리해야 한다.

이미지 분석

표정	• 평상시 나의 표정은 어떠한가? • 처음 만나는 사람에게 주로 어떤 표정을 하는가? • 나는 웃는 편인가? • 상대와 눈맞춤, 시선처리를 자연스럽게 하는가?	
인사	• 인사는 어떻게 하는가? • 인사는 먼저 하는가? • 처음 만나는 사람에게 주로 쓰는 인사말은 무엇인가?	
자세	• 나의 선 자세는 어떠한가? • 나의 앉은 자세는 어떠한가? • 나의 걸음걸이는 어떠한가? • 나의 손동작은 어떠한가?	
용모	• 외출할 때 나의 옷차림은? • 나의 화장법은? • 머리는 단정한가?	
대화	• 상대방의 이야기를 잘 듣는 편인가? • 내가 습관적으로 잘 쓰는 단어나 구절들이 있는가? • 말할 때 나의 목소리, 톤, 어조, 음량, 발음은 어떠한가? • 대화할 때 주로 상대방의 어디를 보는가? • 경어를 항상 바르게 사용하는가?	

- "현재 나의 신체적 이미지는 어떠한가?"라는 질문에 "나는 어떤 사람인가"에 대해 생각하여 10가지의 이미지를 적어본다. 가능한 생각나는 대로 작성한다.(표정, 제스처, 의상, 자세, 동작 등)

▶ ______________________________

- 자신의 강점과 단점에 대해 생각하고 보완하고 싶은 부분을 작성한다.

▶ ______________________________

나의 이미지 향상 방안

항목	내가 바라는 이미지	구체적인 나의 이미지 향상 방안
표정		
인사		
자세		
용모		
대화		

Appearance Self Check List

■ 여성의 Check Point

구분	Check Point	Check
화장	청결하며 자연스러운가? 건강미가 표현되어 밝은 분위기를 연출할 수 있는가?	
머리	헤어스프레이나 무스로 단정하게 정리되었는가?	
손	손톱의 길이는 적당한가? 네일 Polish는 적절한 색이며 잘 유지되어 있는가?	
상의	눈에 띄는 디자인이나 소재인가?	
스커트	적당한 길이이며 단은 잘 정돈되었는가?	
스타킹	적당한 색상인가?	
구두	유행을 쫓아 통굽이나 샌들을 신지는 않았는가? 청결한 상태인가?	
액세서리	정장에 어울리는 것인가? 지나치게 대담한 디자인은 아닌가?	

■ 남성의 Check Point

구분	Check Point	Check
얼굴	면도는 잘 되었으며 피부는 After Shave 등으로 양호한 상태인가? 코털은 잘 정리되어 있는가? 흡연으로 인한 구취는 없는가?	
머리	너무 길어 셔츠의 깃이나 귀를 덮지는 않는가? 스프레이 등으로 잘 정리되어 있는가? 지나치게 유행을 따르지는 않는가?	
넥타이	수트와는 잘 어울리는가? 현란한 무늬나 색상은 아닌가? 다리미 자국이 있지는 않은가?	
셔츠	너무 진한 색은 아닌가? 깃이나 소매부분은 청결한가?	
상의	화려한 체크 등 대담한 무늬는 피하며 자주 세탁하는가?	
지갑	바지 뒷주머니에 넣고 다니지 않는가?	
손	손톱길이가 적당하며 손톱 밑은 청결한가?	

하의	무릎이 나오지 않았는가?	
양말과 구두	흰 양말은 아닌가? 바지와 어울리는 색깔인가?	

제 2 장

기내서비스 표준 동작

제 2 장

기내서비스 표준 동작

1. 승객탑승 전 준비

승객탑승 전 준비란 승객이 항공기에 탑승하기 전 객실승무원은 Crew Baggage 보관, 비상/보안장비 점검, 기내서비스 용품, 서비스 설비 및 서비스 기물점검, 특별서비스 요청사항 등을 점검하고 수행하는 업무를 말한다.

분류번호	1203010502_13v1
능력단위명칭	승객탑승 전 준비
능력단위 정의	승객탑승 전 준비란 기내서비스 용품 점검, 서비스설비 및 기물점검, 특별서비스요청사항 점검을 수행하는 능력이다.

능력단위요소	학습내용
기내서비스 용품 점검하기	– 운송 서비스 규정에 따라, 객실서비스에 필요한 서비스 용품 탑재 여부를 점검하고 조치할 수 있다. – 운송 서비스 규정에 따라, 서비스 용품의 품질상태 및 이상 유무를 점검하여 조치할 수 있다. – 객실서비스 규정에 따라, 서비스 용품을 지정된 서비스 위치에 배열할 수 있다.

서비스설비 및 기물 점검하기	– 객실서비스 규정에 따라, 항공기 운항 시 반드시 필요한 서비스 설비 및 기물의 이상 유무를 점검하고 조치할 수 있다. – 객실서비스 규정에 따라, 항공기 운항 시 반드시 필요한 화장실 설비의 이상 유무를 점검하고 조치할 수 있다. – 운송서비스 규정에 따라, 항공기의 목적지 도착 시, 입국에 필요한 제반 입국 관련 서류의 탑재 여부 및 수량을 점검하고 조치할 수 있다. – 객실서비스 규정에 따라, 항공기 운항 시 판매할 면세품의 탑재 여부 및 수량을 점검하고 조치할 수 있다.
특별서비스 요청사항 점검하기	– 객실서비스 규정에 따라, 승객 탑승 전 해당 항공기의 특별서비스 항목을 점검하고 조치할 수 있다. – 객실서비스 규정에 따라, 승객 탑승 전 해당 승객의 특별서비스 용품이 탑재되어 있는지를 점검하고 조치할 수 있다. – 고객서비스 규정에 따라, 승객 탑승 후 해당 승객의 특별 서비스 요청 사항 외 추가 요구 사항이 없는지를 확인하고 조치할 수 있다.

승객탑승 전 준비 Procedure	
업무	• Crew Baggage 보관 및 정리
	• 비상/보안 장비 점검
	• 기내 청소 상태 점검
	• 객실 설비 점검
	• Galley 장비 점검
	• 서비스 기물과 서비스 물품 확인
	• Meal 탑재 내역 확인
	• 화장실 장비 점검 및 화장실 용품 준비
	• 신문서비스 준비
	:Class별 준비, Zone별로 분배
	:잡지 Rack과 Cart, Galley 선반에 제호가 보이도록 Setting
	• 잡지서비스 준비
	:잡지 Rack Setting
	:도착 전 Headphone 회수 시 회수하여 Magazine Bag에 보관
	• 화장실 용품 Setting

■ Crew Baggage 보관 및 정리

객실승무원은 항공기 내에 도착하자마자 자신의 짐을 보관 및 정리하고 기내근무 시 필요한 물품(Apron, Medical Bag, 개인 소지품) 등을 꺼내어 Galley에 보관하고, 램프화(7cm, 5cm)에서 기내화(3cm)로 갈아 신는다.

■ 비상/보안 장비 점검

자신의 담당 구역에서 비상장비 및 보안장비를 점검한다. 비상장비와 보안장비의 정위치 여부와 점검상태를 확인한다. 또한 승객 좌석의 앞주머니와 선반, 승객좌석 등에 이상한 물체가 없는지 확인하고 Taser(테이저) 보관 장소와 담당자 등을 확인한다.

■ 기내 청소상태 점검

비상장비와 보안장비 점검이 끝나면 기내 청결상태를 확인하며 추가적으로 청소가 필요한 부분이 있으면 사무장 및 용역직원에게 보고하여 깨끗하게 청소를 마무리할 수 있도록 조치한다.

■ 객실 설비 점검 및 Galley 장비 점검

객실 설비 점검을 통해 선반의 닫힘상태, 좌석벨트 착용상태, 좌석등받이와 테이블, 팔걸이 작동상태, 커튼 및 비디오스크린 상태, 승객좌석 호출, 비디오 모니터 상태, 오디오 음향상태 등을 점검하고 Galley 내 시설(Oven, Refrigerator, Microwave, Coffee maker, Warmer) 장비의 고장 유무와 작동상태 등을 확인한다.

■ 서비스 기물과 서비스 물품 확인

객실승무원은 해당 노선에 서비스되는 서비스 물품과 서비스 기물이 기내에 탑재되었는지 확인해야 한다.

▶ 기내서비스 물품이란 항공기 내에서 서비스에 필요한 음료 및 기내식, 기내면세품, 출입국서류, 헤드폰, Amenity Kit, 베개, 신문, 잡지, 담요 등의 기내서비스에 필요한 용품을 말한다. 기내서비스 용품은 기내식 탑재요원에 의

해 항공기 내 지정된 장소에 탑재되며 Galley 담당 객실승무원은 물품의 수량, 위치, 보관상태, 사용가능 여부 등을 확인하여야 한다. 서비스 용품이 미탑재되었거나 부족한 경우에는 사무장 및 탑재요원에게 보고하여 반드시 추가로 적정량이 탑재될 수 있도록 한다.

▶ 서비스 기물이란 기내에서 반영구적으로 재사용이 가능한 물품이며 카트, 트레이, Cutlery(Knife, Fork, Soup Spoon, Tea Spoon, 숟가락, Chopsticks), Table Ware, Glass(Tumbler, Wine, Champagne, Brandy, Liqueur, Paper Cup), China Ware(Plate, Bowl, Coffee Cup), Serving Tool(Towel Basket, Bread Basket, Wine Basket), Tong(Towel, Ice, Bread, Food, Salad, Lemon, Casserole) 등이 있다.

■ Meal 탑재 내역 확인

해당 노선에 맞는 메뉴와 비행기 예약 승객의 수에 맞게 Meal이 탑재되었는지 확인하고 비행거리와 Class에 따라 간식 및 Snack이 적절하게 탑재되었는지 확인한다.

■ 화장실 장비 점검 및 화장실 용품 준비

비행기의 화장실 flushing 상태와 세면대 작동여부, 쓰레기통 상태, 아기 기저귀 교환상태 등을 점검하고 화장실 비품인 종이 타월(Paper Towel), 롤 페이퍼(Roll Paper), 거울 청소상태, 화장품(스킨, 로션) 구비상태, 칫솔, 치약, 구강청정제, Paper cup, 방향제 등의 소모품이 여유 있게 탑재되었는지 확인한다.

■ 신문 서비스 준비 & 잡지 서비스 준비

신문은 Class별로 분배하고 Serving Cart와 Galley 선반에 신문의 제호가 보이도록 Setting하며 잡지는 잡지 Rack에 종류가 겹치지 않도록 Setting한다.

■ 화장실 용품 Setting

종이 타월(Paper Towel), 롤 페이퍼(Roll Paper), 화장품(스킨, 로션), 칫솔, 치

약, 구강 청정제, Paper cup을 Setting한다.

(1) 기내서비스 용품 점검하기

기내서비스 용품은 항공기 내에서 서비스에 필요한 기내식 및 음료, 잡지, 신문, 기내 면세품 탑재 여부, 출입국 서류, 헤드폰(장거리) 및 이어폰(단거리), 담요, 베개, 바둑, 체스 등의 기내서비스에 필요한 용품을 말한다. 점검은 담당 Duty 승무원이 하며, 미탑재된 경우에는 사무장에게 보고하여 기내용품 탑재 담당자와 연락하여 조치한다.

(2) 서비스 설비 및 기물 점검하기

비행 근무에 있어 객실승무원의 주된 업무 공간인 Galley의 이상여부와 승객좌석 및 선반(Overhead Bin), 승무원좌석(Jump Seat), 기내통로, 화장실 설비를 점검하고 서비스 기물은 Galley Duty 승무원이 점검하며 기내서비스에 관련된 기물과 화장실 용품이 탑재되었는지 빠짐없이 점검한다.

기내 용품 탑재확인 및 점검사항

Galley	
기내서비스 제공을 위한 공간으로 기종마다 다르게 위치합니다.	
Galley Duty는 승객 탑승 전 Galley 장비의 청결상태와 작동여부를 확인합니다.	
Galley 장비	
Water Boiler	뜨거운 물을 제공하는 용도
Coffee Maker	봉지 타입의 원두커피를 Brew하는 용도
Oven	Entree 또는 Bread 등을 Heating하는 용도
Refrigerator	음료를 차가운 상태로 보관하는 용도
Air Chiller Compartment	기내식을 신선하게 보관하는 용도
유의사항	
Galley장비의 청결을 유지합니다.	
Water Boiler와 Coffee Maker를 사용하기 전에는 Air Bleeding을 실시합니다.	

Oven 등 기타 장비는 Power를 'On'하기 전 내용물을 확인하며 다룰 때는 화상에 각별히 주의합니다.
서비스 기물
서비스 보조용품이며 회수하여 재사용이 가능한 물품
서비스 기물 사용 시 유의사항
음료 서비스 시에는 정해진 기물을 사용합니다.
서비스 시작 전 청결도 및 상태를 점검하여 사용합니다.
Cart
size별– Full Cart, Half Cart
용도별– Meal Cart, 음료 Cart, Serving Cart
Tray
Large Tray– 서비스 및 회수
Small Tray– 개별 제공 및 회수, Tea & Coffee 제공
2/3 Tray
Basket
Towel Basket– Towel 서비스 및 회수
Bread Basket– Bread 서비스 및 회수
Tongs
Towel Tongs– Cotton Towel 서비스 및 회수
Bread Tongs– Bread 서비스
Ice Tongs– Ice 서비스
Linen
Bread Basket 및 Wine 리넨용으로 사용
Muddler Box
Sugar, Creamer, Tea Bag류, Muddler를 채워서 사용
서비스 Item
승객에게 일차적으로 제공하며 그 자체가 서비스의 주가 되는 물품
Meal/ Beverage/ Sauce류/ Dry Item/ Stationary/ 독서물 등
서비스 Item 사용 시 유의사항
Dry Item은 필요에 따라 적절한 양만을 사용하고, 사용 후에는 정리된 상태로 보관합니다.
Seal은 일종의 봉인으로 Red는 주류 및 면세품에, Blue는 기타 기용품에 Sealing합니다.
기내에는 잡지, 신문 외에도 Morning Calm, Beyond, Sky News 등이 있습니다.

(3) 특별 서비스 요청사항 점검하기

SHR/SSR이란 지상직원으로부터 사무장에게 전달되는 특별보조승객 관련정보가 수록된 운송문서로서 VIP, CIP, UM, 환자, TWOV, Special Meal 주문승객, 승객의 특이사항, 요청 기로가항, 상위클래스 명단, 임산부, 어린이 동반승객, 환승승객, 혼자 여행하는 승객, 장애인 마일리지 승객 등의 승객정보가 기록된 문서이다. 이는 승객정보를 파악하여 서비스하는 데 활용되고 있으며 개인정보 보호를 위해 비행이 끝난 후에는 외부에 공개해서는 안 되며 사용 후 반드시 폐기한다.

Special Handling Request(SHR) 승객 및 운송 특별코드

구분	의미
AVIH	Animal In Hold/화물칸(Cargo)에 반입된 애완동물
BLND	시각장애승객
BRDC	객실에 반입된 새
BSCT	유아용 침대
CBBG	Cabin Reserved Seat Baggage/ 좌석예약 휴대수하물
CATC	객실에 반입된 고양이
CHD	Child/소아승객
CMPLT PAX	Complaint 제기 승객
DEAF	청각장애승객
DEPO	Deportee/ 추방자
DOGC	객실에 반입된 새
DEPA	Deportee Accompanied by an Escort/ 동반 추방자
DEPU	Deportee Unaccompanied/ 비동반 추방자
EXST	Extra Seat, Large Pax 추가 좌석 구매하는 경우 등
FMLY	Family Care Service
GTR	Government Travel Request
IVR	Incentive Volume Rate/ 대기업 계열사 출장 수요 우대
INAD	Inadmissible Passenger/ 입국 또는 통과상륙이 거절된 승객
INF	Infant/ 좌석을 점유하지 않은 승객

I/U	Involuntary Up Grade
L/O	Lay Over
M/A, MAAS	Meet and Assist
MAINT	Maintenance
MCT	Minimum Connecting Time
M/D	Main Deck
MEDA	Medical Auth
MSG	Message
NOSH	No Show
NOSUB	Not Subject to Load
NRC	No Record
OBD	On Board
OXYG	Stretcher 승객용 산소장비
PAX	Passenger
PET(C)	객실에 반입된 애완동물
PRC	People's Republic of China
P/P	Passport
PTA	Pre-paid Ticket Advice
PTN	Portion
QLTY	Quality
QNTY	Quantity
R/C	Ramp Controller
RPA	Restricted Passenger Advice
RCFM	Reconfirm
RSVN	Reservation
RTN	Return
SED	Seeing Eye Dog
SOP	Standard Operating Procedure
SPON	Special Passenger of Name
STA	Scheduled Time of Arrival
STCR	Stretcher Passenger

STD	Scheduled Time of Departure
STF	Staff
STN	Station
SUBLO	Subject to Load
S/U	Show up
SVC	Service
TKT	Ticket
T/S	Transit
UM(NR)	Unaccompanied Miner
TWOV	Transit Without VISA
WCOB	Wheelchair for Onboard
WCHC	Wheelchair for Cabin
WCHR	Wheelchair for Ramp
WCHS	Wheelchair for Steps

2. 승객탑승 및 이륙 전 서비스

승객탑승 및 이륙 전 서비스란 탑승위치 대기, 탑승권 재확인, 좌석안내, 수하물 정리지원, 특수고객 지원, 탑승환영 안내방송을 수행하는 업무를 말한다.

분류번호	1203010503_13v1
능력단위명칭	승객탑승 및 이륙 전 서비스
능력단위 정의	승객탑승 및 이륙 전 서비스를 위한 탑승위치 대기, 탑승권 재확인, 좌석안내, 수하물 정리지원, 특수고객 지원, 탑승환영 안내방송을 수행하는 능력이다.

능력단위요소	학습내용
탑승위치 대기하기	– 객실서비스 규정에 따라, 승객의 항공기 탑승 전 각자에게 부여된 임무를 수행하기 위하여 해당 근무지역에서 탑승을 위해 대기한다. – 객실서비스 규정에 따라, 승객 탑승 시 대기 자세를 취한다. – 객실서비스 규정에 따라, 승객 탑승 시 밝은 표정으로 환영 인사를 한다. – 객실서비스 규정에 따라, 탑승 승객에 따른 눈높이 서비스 자세를 취한다.

탑승권 재확인 하기	– 객실서비스 규정에 따라, 승객의 출발일시를 확인한다. – 객실서비스 규정에 따라, 승객의 목적지를 파악한다. – 객실서비스 규정에 따라, 승객의 좌석등급을 구별한다. – 객실서비스 규정에 따라, 승객의 좌석번호를 확인한다.
좌석 안내하기	– 객실서비스 규정에 따라, 승객들에게 지정된 좌석번호를 재확인한다. – 객실서비스 규정에 따라, 좌석 배열을 파악하고 승객에게 정확한 좌석으로 안내한다. – 객실서비스 규정에 따라, 승객에게 좌석 설비 사용법을 안내한다. – 객실서비스 규정에 따라, 좌석 상태를 파악하여 조치한다.
수하물 정리 지원하기	– 객실서비스 규정에 따라, 좌석 주변의 공간을 파악하여 승객에게 객실 선반의 위치를 안내한다. – 객실서비스 규정에 따라, 안전하게 선반을 작동한다. – 객실서비스 규정에 따라, 수하물의 특성별로 보관하도록 안내한다. – 객실서비스 규정에 따라, 수하물을 안전하게 다룬다. – 객실서비스 규정에 따라, 수하물의 보관 위치를 기억하여 승객에게 다시 전달한다.
특수고객 지원하기	– 객실서비스 규정에 따라, 특수 고객 탑승 여부를 확인한다. – 객실서비스 규정에 따라, 특수 고객의 특성에 따른 인사를 하고 좌석을 안내한다. – 객실서비스 규정에 따라, 특수 고객에게 기내 설비 사용법을 안내한다. – 객실서비스 규정에 따라, 특수 고객에 대한 여행 편의를 제공한다.
탑승환영 안내 방송하기	– 객실서비스 규정에 따라, 방송에 필요한 정보를 파악한다. – 객실서비스 규정에 따라, 탑승환영 안내방송에 필요한 언어를 구사한다. – 객실서비스 규정에 따라, 탑승환영 안내방송에 필요한 표준어 사용을 한다.

승객탑승 중 업무	
업무	• 환영인사 및 좌석 안내
	• 휴대수하물 보관 안내 및 협조
	• Door Close

(1) 탑승위치 대기하기

승객 탑승 전 준비업무가 완료되면 승객탑승이 이루어진다. 객실승무원은 자신의 Duty에서 대기 자세를 취하고 승객이 탑승하면 밝은 표정으로 환영인사를 한다. 또한 탑승 승객의 상황에 따라 눈높이 자세를 취할 수 있어야 한다.

■ 대기 자세 취하기

객실승무원은 공수자세를 취하고 시선은 정면을 향한다.

■ 눈높이 자세 취하기

눈높이 자세는 승객 정면에서 한쪽 무릎을 바닥에 닿게 하고 상체를 곧게 펴고 뒤꿈치의 신발이 벗겨지지 않도록 유의해야 한다. 눈높이 자세를 취할 경우에는 승객에게 실수를 범하여 사과를 하거나, 장시간 대화를 하는 경우이다.

(2) 좌석 안내하기

좌석을 안내할 때에는 탑승권을 확인하여 이름, 좌석번호, 출발지공항, 목적지, 탑승날짜, 좌석클래스 등을 확인한 후 안내한다.

■ 탑승 인사하기

탑승 인사는 밝고 활기찬 모습으로 승객에게 적극적으로 환대한다. 대기 자세를 하며 의자나 벽에 기대어 서 있거나 승객의 좌석에 손을 얹는 행동은 하지 말아야 한다.

탑승인사 시 올바른 대화

- 안녕하십니까? 어서 오십시오. 좌석을 안내해 드리겠습니다. 이쪽으로 들어가십시오.
- 탑승권을 보여주시겠습니까? 손님 좌석은 뒤쪽입니다.
- 안녕하십니까? 탑승을 진심으로 환영합니다. 손님좌석은 건너편 뒤쪽입니다. 조금만 들어가시면 다른 승무원이 안내해 드릴 겁니다.

■ 탑승권 확인하기

* 탑승권 확인은 이름, 비행편명, 출발지와 도착지, 출발시간, 좌석번호 등을 확인한다.

■ 비상구좌석 브리핑 및 불가승객

비상구좌석은 기내통로로 이용하지 않으며 어떠한 기내 구조물의 방해를 받지 않고 비상구에 접근할 수 있는 열을 지칭한다. 비상구좌석은 다른 좌석에 비해 승객들이 다리를 뻗을 수 있어서 공간이 넓고 좌석과의 사이에 여유공간이 있어서 승객들이 선호하는 좌석이다. 그러나 비상구좌석은 비상 시 승무원의 지시에 따라 다른 승객의 탈출 및 이동을 도와줘야 하는 좌석으로 항공사 규정 및 국토교통부 법률로 규정되어 있다. 비상구좌석은 승무원을 도와 승객을 탈출시켜야 하며 항공사마다 내부 규정에 맞는 승객을 비상구좌석에 배치한다. 비상구좌석 배정의 최우선 순위는 탑승승무원, 추가 탑승승무원, 항공사 직원이며 승무원이나 항공사 직원 탑승객이 없을 경우 신체건강하고 승무원의 지시에 협력할 의향이 있는 승객으로 배치할 수 있으며 비행기에 탑승한 승객에게는 반드시 비상구좌석 브리핑을 실시해야 한다.

비상구좌석 불가 승객

- 비상탈출 지시어를 이해하지 못하는 승객
- 비상시 승무원을 도와 다른 승객의 탈출을 돕는 데 동의하지 않는 승객

- 임산부, 15세 미만의 어린이 및 유아를 동반한 승객
- 비상구를 조작하는 동작이 불가한 신체적 조건의 승객
- Safety instruction Card를 이해하지 못하는 승객

좌석안내 시 올바른 대화

- 제가 좌석을 안내해 드리겠습니다.
  손님 좌석은 왼쪽 창가입니다. 짐은 제가 넣어드리겠습니다. 즐거운 여행 되십시오.
- 탑승권을 보여주시겠습니까?
  이쪽으로 오시겠습니까? 네, 여기가 손님 좌석입니다. 혹시 필요하신 일이 있으시면 담당 승무원인 저를 불러주십시오.

유아동반 승객과의 올바른 대화

- 어서 오십시오. 아기가 참 예쁘네요.
- 제가 유모차를 분리해서 보관해 드리겠습니다. 아기를 안아주시겠습니까?
- 유아용품이 준비되어 있으니 필요하시면 언제라도 말씀해 주십시오.
- 안녕하십니까? 어서 오십시오. 짐은 제가 들어드리겠습니다. 손님 좌석은 이쪽입니다.
- 유아용 요람이 준비되어 있으니 필요하시면 안전을 위해 이륙 후에 장착해 드리겠습니다.
- 유모차는 접어서 이 뒤쪽 공간에 놓아드리겠습니다. 그리고 내리시기 전에 제가 잊지 않고 가져다 드리겠습니다.

(3) 수하물 정리 지원하기

객실승무원은 승객이 탑승하여 좌석으로 이동하여 수하물을 특성별로 보관하

게 되는데 객실서비스 규정에 따라 안전하게 보관할 위치를 안내해야 한다. 선반 위와 하단에 보관이 가능하며 기내에 휴대할 수 없는 제한 품목은 항공기 화물칸에 탑재할 수 있도록 안내해야 한다. 기내에 가지고 온 수하물의 부피가 크거나 무거운 초과휴대수하물은 지상직원에게 인계하여 화물칸에 탑재하도록 조치한다.

■ 기내반입 가능한 휴대수하물의 크기와 무게

- First Class와 Business Class: 수하물개수는 2개, 무게는 18kg
- 일반석: 수하물개수는 1개+추가허용품목 1개, 무게는 12kg

  *규격은 개당 55×49×20(cm) 또는 세 변의 합이 115cm 이하

  *일반석의 추가허용 품목: 노트북, 서류가방, 핸드백 등 중 1개

■ 위탁수하물 탁송 제한품목

화물칸에 실리면 안 되는 물품으로 승객 개인이 직접 휴대해야 하는 물품을 말한다. 이러한 물품은 운송 도중 파손되거나 분실 및 지연에 대해 항공사가 책임을 지지 않는다. 위탁수하물 탁송 제한품목은 고가의 물건, 귀중품, 화폐, 보석 등이며 운송 중 깨지거나 변질되기 쉬운 물품 등이 해당된다.

Baggage Handling 올바른 대화

- 손님, 죄송합니다만 안전을 위해 술병은 좌석 밑에 보관해 주시겠습니까? 감사합니다.
- 손님, 깨지기 쉬운 술병은 좌석 하단에 보관해 주시겠습니까?
- 안쪽으로 밀어 넣으시면 발 뻗으시는데 별 불편함이 없을 겁니다.
- 손님, 죄송합니다만 선반에 넣기에는 짐이 너무 무거워 보입니다. 다른 곳에 보관할 장소가 있는지 제가 한번 알아보겠습니다. 이쪽에 두시겠습니까? 감사합니다.

(4) 특수고객 지원하기

특수고객이 비행기에 탑승했을 때에는 특수고객의 특성에 따라 도움을 제공해야 한다.

특수고객에는 어린이 승객(UM), 노약자 승객, 장애인 승객, VIP, CIP, 무비자 통과승객 등이 포함되며 승무원의 세심한 배려와 협조가 필요한 승객을 말한다.

■ 특수고객 승객

- **어린이 승객(UM)**: 성인 동반 없이 여행하는 소아를 의미하며 국내선은 만 5세~13세 미만, 국제선은 만 5세~12세 미만의 승객을 말하며 어린이 승객을 담당하는 승무원은 탑승부터 하기 시까지 세심한 서비스를 해야 한다. 기내시설물(개인용 모니터, 좌석벨트 착용법, 화장실의 사용법 등)의 작동방법과 기내식 제공, 어린이를 위한 Give Away, 입국서류 작성, 수하물 운반 및 보관, 부모님께 작성하는 편지 등의 도움을 주고 도착 후에는 지상직원에게 인계하여 목적지까지 안전하고 무사하게 보호자에게 인계할 수 있도록 도움을 주는 서비스이다.
- **유아동반 및 임산부 승객**: 항공사마다 조금씩 차이는 있으나 탑승일을 기준으로 32주 미만 임산부는 일반 승객과 동일하게 간주하나 32주 이상의 임산부는 건강진단서 및 서약서를 작성하여 제출해야 한다. 유아동반 승객은 유아의 유아식이나 수시로 필요한 것이 없는지 체크하여 제공하고 식사서비스에 식사를 드실 수 없을 경우에는 따로 보관하여 제공하고 입국서류 작성 및 수하물 정리, 주변 정리 등의 비행 중 불편한 점이 있는지 상시로 체크하여 서비스를 제공한다.
- **노약자 승객**: 노약자 승객은 보호자 없이 여행하는 만 70세 이상의 승객이며 탑승 시 좌석 안내를 적극적으로 도와드리고 필요한 경우에는 수하물도 직접 올려드린다. 기내 비디오 사용법, 좌석벨트 착용방법, 화장실 위치 및 사용법, 승무원 호출버튼 작동법 등의 기내 시설물 사용방법에 대해 설명하여 불

편한 부분이 없는지 수시로 확인하여야 한다. 입국서류 작성도 도와드리고, 장거리 비행의 경우 다리가 불편하거나 기내에서 지루하실 수 있으므로 승무원이 말동무도 되어드리는 등의 세심한 서비스가 필요하다.

- **장애인 승객**: 장애인 승객을 응대할 때에는 일반승객과 동일한 편의와 비행정보를 제공하면 되며 장애의 특성에 따라 배려 깊고 세심하게 보살펴드려야 한다. 승객에게 불편한 점이 있는지 여쭙고 도움이 필요한지 여부를 문의하여 승무원의 도움을 요청할 경우에 도움을 제공하도록 한다. 청각장애 승객에게는 글을 쓰거나 입모양, 수화를 사용하여 의사소통을 하고 시각장애 승객에게는 신체를 접촉하지 말고 대화로 설명하고 도착 후 동반승객이 없을 경우에는 지상직원에게 인계한다. 몸이 불편한 승객은 휠체어를 사용하실 수 있도록 안내하고 기내용 휠체어 탑재위치와 사용법을 숙지하여 제공한다.
- **VIP 및 CIP 승객**: 승무원은 탑승 전 VIP, CIP 정보를 미리 확인하여야 하며 호칭서비스에 유의하여 정확한 직급에 맞는 호칭을 사용한다. 타 승객이 소외감을 느끼거나 거부감을 느낄 정도의 서비스는 오히려 반감을 줄 수 있으므로 인식서비스를 하고 하기 시에는 일반승객보다 먼저 내릴 수 있도록 도와드린다.

(5) 탑승환영 안내방송하기

항공기의 승객 탑승이 완료되면 Door Close를 한 후 Safety Check를 한다. 모든 승무원이 담당 구역에 대기하면 기내방송 담당자의 방송에 맞춰 승객을 향해 탑승환영 인사를 실시한다. 기내방송은 출발지와 목적지, 비행시간 등의 정보이며 국내선은 한국어-영어 순으로 방송하고 국제선은 한국어-영어-현지어 순서로 방송을 실시한다. 탑승환영 안내방송은 지역별/도시별 특성에 맞춰서 인사를 하고 환영과 감사의 의미를 담아 밝고 정성스러운 마음을 담아 전달한다.

■ 기내방송 담당승무원의 책임

기내방송은 표준어 사용을 원칙으로 하며 기내방송과 관련된 책임은 객실사무장에게 있으며 방송담당 승무원은 2차적 책임이 있다. 또박또박 천천히 방송하는 연습을 하여 승객이 듣기 편한 방송을 구사하고 정확한 내용 전달과 깨끗한 음성을 가꾸기 위해 노력해야 한다. 또한 올바른 마이크 사용법을 익혀 파열음이 나지 않도록 유의해야 한다.

■ 대한항공 Welcome 방송

선택1 소중한 여행을 저희 대한항공과 함께해 주신 고객 여러분, 안녕하십니까? 스카이팀 회원사인 저희 대한항공은 여러분의 탑승을 진심으로 환영합니다.

선택2 손님 여러분, 안녕하십니까? 오늘도 변함없이 스카이팀 회원사인 저희 대한항공을 이용해 주신 여러분께 깊은 감사를 드립니다.

이 비행기는 _______까지 대한항공 _______편입니다.

〈항공기 지연 시〉

오늘 항공기 _______로 인해 출발이 예정보다 늦어진 점 양해해 주시기 바랍니다.

목적지인 _______까지 예정된 비행시간은 이륙 후_______시간_______분입니다.

〈현지 승무원 탑승 시〉

선택1 오늘 _______기장을 비롯한 현지승무원들은 여러분을 _______까지 정성껏 모시겠습니다.

선택2 오늘 _______기장(성/이름)과 ________(국가명) 현지승무원을 비롯한 저희 승무원들은 여러분을 _______(도시명)까지 정성껏 모시겠습니다.

도움이 필요하시면 언제든지 저희 승무원을 불러주십시오. 계속해서 기내 안전에 관해 안내해 드리겠습니다. 잠시 화면(승무원)을 주목해 주시기 바랍니다.

상황별 대처방법 연습해 봅시다.

■ 좌석 관련 상황

상황	승객이 다리가 아프다고 상위클래스로 옮겨 달라고 한다면
답변	

상황	탑승 시 승객의 좌석에 다른 손님이 앉아 있다고 하는 경우(좌석중복)
답변	대단히 죄송합니다. 좌석배정 시 저희의 실수로 불편을 끼쳐드리게 되었습니다. 잠시 기다려주시기 바랍니다. 제가 곧 알아봐드리겠습니다. 지상에서 착오가 발생하였습니다. 잠시 기다려주시면 확인해 본 후 좌석을 마련해 드리겠습니다. 불편을 끼쳐드려서 대단히 죄송합니다.

상황	탑승 시 승객의 좌석에 다른 손님이 앉아 있다고 하는 경우(좌석중복)
답변	

상황	갤리 옆 좌석이라 시끄럽다고 좌석을 바꿔달라고 요청했지만 빈 좌석이 없어서 좌석을 바꿔줄 수 없을 경우
답변	

상황	저 앞자리 빈 것 같은데 앉아도 되죠?
답변	

■ 승객의 짐 관련 상황

상황	승객의 짐이 통로에 방치된 경우
답변	

상황	승객 탑승 시 한 손에는 무거운 짐을 들고 다른 한 손에는 지팡이를 짚고 오시는 할머니를 맞이하는 경우
답변	
상황	승객 탑승 중 접히지 않는 유모차를 가지고 타는 경우
답변	
상황	이 짐 어디 보관할 데 없어요?
답변	
상황	큰 짐을 올리고 있는 승객
답변	

■ 기타 상황

상황	Belt가 짧아서 좌석벨트를 못 매고 있는 경우
답변	
상황	Taxing 중
답변	손님, 죄송합니다. 위험하니 좌석에 앉아서 기다려주시겠습니까? 감사합니다. 손님, 죄송합니다. 안전을 위해 비행기가 정지할 때까지 좌석에 앉아서 기다려주시겠습니까? 감사합니다.

3. 비행 중 서비스

비행 중 서비스란 기내음료제공, 기내식제공, 기내 오락물제공, 면세품 판매, 객실상태점검을 수행하는 능력이다.

분류번호	1203010504_13v1
능력단위명칭	비행 중 서비스
능력단위 정의	비행 중 서비스란 기내음료 제공, 기내식 제공, 기내 오락물 제공, 면세품 판매, 객실상태점검을 수행하는 능력이다.

능력단위요소	학습내용
기내음료 제공하기	– 객실서비스 규정에 따라, 비알코올 음료에 관한 정보를 승객에게 전달할 수 있다. – 객실서비스 규정에 따라, 다양한 칵테일 제조에 필요한 술의 종류와 첨가 음료에 관한 정보를 숙지하여 제조할 수 있다. – 객실서비스 규정에 따라, 다양한 와인에 관한 정보를 파악하여 서비스 및 회수할 수 있다.
기내식 제공하기	– 객실서비스 규정에 따라, 기내에서 제공되는 식사를 위한 세팅(Setting) 및 데우기(Heating) 등을 수행할 수 있다. – 특별서비스요청서(SSR: Special Service Request)에 따라 특별식을 확인 후, 서비스 및 회수할 수 있다. – 객실서비스 규정에 따라, 승객선호를 확인하여 테이블 매너에 따른 기내식을 서비스 및 회수할 수 있다.
면세품 판매하기	– 객실서비스 규정에 따라, 면세품 판매를 위한 기본적인 상품을 세팅하고 판매할 수 있다. – 객실서비스 규정에 따라, 국가별 면세품 구매한도에 관한 정보를 전달할 수 있다. – 객실서비스 규정에 따라, 면세품 판매 전, 후 재고파악 및 인수인계를 위한 서류를 정리할 수 있다.
객실상태 점검하기	– 객실서비스 규정에 따라, 고객서비스를 위해 객실 시설물을 수시로 점검하고 조치를 할 수 있다. – 객실서비스 규정에 따라, 기내식 서비스 후 객실통로 및 주변을 청결히 할 수 있다. – 객실서비스 규정에 따라, 승객의 쾌적한 여행을 위해 객실 내 온도 및 조명을 관리할 수 있다.

(1) 기내음료 제공하기

노선별, Class별, Flight별로 다양한 종류의 비알코올 음료와 알코올 음료를 제공할 수 있으며 만 19세 미만의 미성년 승객에 대한 알코올성 음료의 제공은 금지한다.

Meal Service 시점을 기준으로 식전에 Aperitif를 제공하고 식사 중에는 Meal Type에 따라 와인이나 기타 음료를 제공하고 식후에는 커피와 차 종류를 제공한다.

First Class에서는 Wine List를 별도로 제공하고 Prestige Class의 경우 Menu List에 대해 안내한다.

Hot Beverage는 반드시 뜨겁게 서비스하며, 최소 1회 이상 리필한다. 뜨거운 음료를 서비스할 때에는 미리 뜨거우니 조심하라는 고지의 말을 한 후에 서비스한다.

■ 비알코올 음료

품목		종류	해당 Class
Cold Beverage	Mineral Water	• 제주산수 • Perrier	• FR / PR / EY • FR / PR
	Juice	• Orange Juice • Tomato Juice • Pineapple Juice • Guava Nectar • Apple Juice	• FR / PR / EY • FR / PR / EY • FR / PR / EY • FR / PR / EY • FR / PR
	Soft Drink	• Coke/ Diet Coke • Sprite/ Diet Sprite	• FR / PR / EY • FR / PR / EY
	Mixer류	• Tonic Water • Soda Water • Ginger ale	• FR / PR / EY • FR / PR / EY • FR / PR / EY
	유제품	• Milk/ Low Fat Milk	• FR / PR / EY
Hot Beverage	Coffee	• Brew Coffee • Instant Coffee • Decaffeinated Coffee • Espresso Coffee 외 9종	• FR / PR / EY • FR / PR / EY • FR / PR / EY • FR
	Tea	• Black Tea • Green Tea • Ginseng Tea • 녹차라테 • 우롱차	• R / PR / EY • FR / PR / EY • FR / PR • PR / EY • FR / PR / EY

※ 음료서비스 전 반드시 음료의 종류 및 특성에 대해 사전 숙지하고 음료는 미리 시원하게 Chilling하여 서비스한다.

※ 녹차라떼는 미주동부, 구주노선에만 탑재되며, 우롱차는 일본 노선에만 탑재된다.

■ 알코올 음료

품목	종류 및 상품명	해당 Class
Still Wine	– Red, White 각 1/2종 – Red, White 각 1/2종 – Red, White 각 1종	– FR – PR – EY
Sparkling Wine	– Champagne 1종 – Champagne 1종	– PR – EY
Aromatized Wine	– Dry Vermouth	– FR / PR
Fortified Wine	– Sherry Wine – Port Wine	– FR / PR – FR / PR
Whisky–Scotch	– Malt : Glenfiddich – Blended : Johnnie Walk Blue Johnnie Walk Gold J&B/ Grant's Johnnie Walk Black	– FR / PR – FR – PR – EY – EY
Whisky–Bourbon	– Jack Daniel's – Jim Beam	– FR / PR – EY
Brandy	– Remy martin X.O – Remy martin V.S.O.P	– FR / PR – EY
Liqueur	– Baileys/ Cointreau – Creme de Menthe – Creme de Cassis	– FR / PR – FR / PR – FR / PR
Campari Rum Gin Vodka	– Campari – Bacardi – Beefeater – Level	– FR / PR – FR / PR – FR / PR / EY – FR / PR / EY
Beer	– Cass – Hite – Hite Prime – Budweiser – Qingdao(중국노선) – Asahi(일본노선)	– FR / PR / EY

■ Cocktail

Whisky Base	Gin Base	Vodka Base	Champagne Base	Wine Base
Scotch Soda Whisky Sour Bourbon Coke John Collins	Gin Tonic Gin Fizz Orange Blossom Tom Collins Martini(FR/PR)	Vodka Tonic Bloody Mary Screw Driver Seoul Love	Mimosa Kir Royal Buck Fizz Arise My Love	Kir(FR/PR)

■ Cocktail 제조방법

NAME	GLS	ICE	BASE	MIXER	MIXING
Scotch Soda	T	○	Scotch Whisky 1oz	Soda Water	Stir
Whisky Sour	W	×	Blended Whisky 1oz	Lemon/J 0.3 oz	Sugar 1 Tea Spoon을 넣고 잘 저은 후 얼음을 넣고 차게 하여 W/G에 Strain한다. *Garnish: Lemon/S & Cherry
Bourbon Coke	T	○	Bourbon Whisky 1oz	Coke	Stir
John Collins	T	○	Bourbon Whisky 1oz	Lemon/J 0.3 oz	Sugar 1 Tea Spoon을 넣고 잘 저은 후 얼음이 든 새 Cup에 붓고 Soda Water를 채운다. *Garnish: Lemon/S & Cherry
Gin Tonic	T	○	Gin 1oz	Tonic Water	Stir
Gin Fizz	T	○	Gin 1oz	Lemon/J 0.3 oz Soda Water	Sugar 1 Tea Spoon을 넣고 잘 저은 후 얼음을 넣고 차게 하여 Strain한 다음 소다수를 채운다. *Garnish: Lemon/S

Orange Blossom	W	×	Gin 1.5oz	Orange/J 1.5 oz	Sugar 1/2 Tea Spoon을 넣고 잘 저은 후 얼음을 넣고 차게 하여 Strain한다.
Tom Collins	T	○	Gin 1.5oz	Lemon/J 0.3 oz	Sugar 1 Tea Spoon을 넣고 잘 저은 후 얼음을 넣고 차게 하여 Strain한 다음 소다수를 채운다. *Garnish: Lemon/S & Cherry
Martini	T/W	○/×	Gin 1.5oz	Dry Vermouth 0.7 oz	Dry로 주문할 경우 Gin의 양을 늘리고 Straight로 주문할 때는 Strain하여 W/G에 준비한다. *Garnish: Olive
Vodka Tonic	T	○	Vodka 1oz	Tonic Water	Stir
Bloody Mary	T	○	Vodka 1oz	Tomato/J	Worcestershire Sauce와 Hot Sauce 2-3방울, Salt, Pepper를 첨가하여 Stir한다. *Garnish: Lemon/S
Screw Driver	T	○	Vodka 1oz	Orange/J	Stir
Seoul Love	T	○	Vodka 1oz	Guava/J 2 oz Lime/J	Stir *Garnish: Lemon/S & Cherry
Mimosa	C/W	×	샴페인	Orange/J Cointreau	Can Orange/J와 샴페인을 3:7의 비율로 채운 후 Cointreau를 1 t/S 넣어 충분히 젓는다. *Garnish: Orange/S

Kir Royal	C/W	×	샴페인	Creme de Cassis	Creme de Cassis와 샴페인을 1:8의 비율로 채운다.
Buck Fizz	C/W	×	샴페인 2oz	Orange/J 2 oz	Can Orange/J와 샴페인을 5:5의 비율로 채운다. *Garnish: Orange/S
Arise My Love	C/W	×	샴페인	Creme de Menthe	Creme de Menthe와 샴페인을 1:8의 비율로 채운다. *Garnish: Lemon/S & Cherry
Kir	W	×	White Wine	Creme de Cassis	Creme de Cassis와 White Wine을 1:8의 비율로 채운다. *Garnish: Cherry

(2) 기내식 제공하기

기내식은 항공기 내에서 승객에게 제공되는 식사 및 음료를 총칭하며 노선과 비행시간, 좌석 등급에 따라 다양하게 제공한다. 기내식은 일반 Meal과 Special Meal로 구분되어 탑재하고 있다. 기내식은 다양한 메뉴 제공과 기내식 서비스 향상을 위해 3~4개월 주기로 Cycle Menu를 운영한다.

■ Special Meal

건강, 종교 등의 사유 또는 축하를 위해 승객이 예약 시 특별히 주문하여 탑재 서비스되는 Meal로서 SHR(Special Handling Request)상에 약어로 주문 내용이 명기된다.

■ Special Meal의 종류

분류	종류	내용
종교상의 이유에 의한 Special Meal	Hindu Meal (HNML)	쇠고기를 먹지 않는 힌두교도를 위한 식사로 인도인이 대부분이다.
	Moslem Meal (MOML)	돼지고기를 먹지 않는 이슬람교도의 식사로 중동지역 및 인도네시아, 말레이시아인이 많다.
	Kosher Meal (KSML)	유대정교 신봉자의 식사로 율법에 따라 조리하고 기도를 올린 것으로 돼지고기는 사용하지 않으며 쇠고기, 양고기 등도 기도를 올린 것에 한하여 쓰인다. 따라서 닭고기나 생선이 주가 되며 Bread 대신 Matzo라는 건빵이 쓰인다. 식기는 한번 사용된 것을 다시 씻어 재사용하는 것은 금지하므로 1회용 기물을 사용하여 Sealing되어 있다.
	Vegetarian Meal(VGML)	종교상, 건강상 또는 문화적인 이유 등으로 육류를 먹지 않는 채식주의자의 식사로 주로 우유 및 유제품, 달걀이 포함되지 않는 식사이며, 동남아시아 특히 인도, 인도네시아인이 많고 불교 승려도 포함된다.
		Asian Vegetarian Meal(AVML) 우유 및 유제품은 포함, 달걀은 사용하지 않고 인도식으로 조리한 채식
		Strict Indian Vegetarian Meal(IVSM) 순수 채식으로 달걀, 유제품 및 뿌리 채소(마늘, 생강, 양파)는 사용하지 않는다.
		Oriental Vegetarian Meal(OVML) 종교적인 이유로 중국인이 주로 주문하는 경우가 많다.
		Western Vegetarian Meal(WVML) 달걀과 유제품의 사용이 가능하며 서양식 조리법으로 만든다.
		Western Strict Vegetarian Meal(WVSML) 육류와 달걀, 유제품, 꿀의 사용이 불가하며 서양식 조리법으로 만든다.
		Lacto Vegetarian Meal(VLML) 유제품이 포함된 채식
		Raw Vegetarian Meal(RVML) 조리하지 않은 채소로 만든 생채식
건강, 신체 여건 및 기호에 따른 Special Meal	Infant Meal (IFML)	12개월 미만의 유아식으로 주로 우유를 제공한다.

	Birthday Cake(MBML)	12개월에서 24개월 정도의 유아식으로 우유, 이유식을 제공한다.
	Toddler Meal (TDML)	20개월에서 28개월 정도의 유아를 위한 기내식으로 씹고 삼키기 쉽게 조리된다.
	Child Meal (CHML)	12세까지의 어린이용 식사로 오므라이스, 김밥, 짜장면, 햄버거, 스파게티, 피자, 치킨너겟, 샌드위치 등 어린이들이 선호하는 식사를 제공한다.
	Soff Bland Diet (SBDT/BLML)	무자극식으로 위염, 위궤양 환자의 식사
	No Salt Meal(LSML)	비염식
	Low Salt Meal(LSML)	저염식
	Diabetic Meal(DBML)	당뇨병 환자용 식사
건강, 신체 여건 및 기호에 따른 Special Meal	Low Calorie (LCML)	비만, 체중 조절용 식사
	Low Choles-terol/ Low Fat Meal(LFML)	저콜레스테롤, 저지방, 심장질환, 동맥경화 등 성인병 환자용 식사
	Gluten Free (GFML)	글루텐이 들어가지 않으며 내장질환자의 식사
	No Dairy Products	우유가 들어가지 않으며 우유 분해효소가 없는 체질용 식사
	Fish Only(FSML)	생선식
	Seafood Meal(SFML)	Main Entree가 해물인 식사
	No Pork(NPML)	돈육 금기식
	No Beef(NBML)	쇠고기 금기식
	Oriental Meal(ORML)	Chinese Style로 조리된 식사로 동남아 승객 선호도가 높다.
	Fruit Plate (FPML)	전채에서 Dessert까지 모든 음식이 과일로 구성된 식사

기타 Special Meal	Honeymoon Cake(MHML)	결혼 축하 케이크
	Birthday Cake(MBML)	생일 축하 케이크
	Anniversary Cake	각종 기념일 축하 케이크

■ 단거리 노선의 일반석 서비스 순서

단거리 노선의 서비스는 Cold Meal과 Hot Meal로 구분하며 비행시간 2시간 이하의 단거리인 경우는 Cold Meal을 서비스하고, 비행시간이 2시간을 초과하는 단거리의 경우는 Hot Meal을 서비스한다.

Cold Meal 서비스 순서

Cold Meal With Soup, Hot and Cold Beverage
↓
기내식 회수(Meal Tray Collection) 및 음료수 Refill
↓
Aisle Cleaning

Hot Meal 서비스 순서

Hot Meal With Cold Beverage
↓
Hot Beverage
↓
기내식 회수(Meal Tray Collection) 및 음료수 Refill
↓
Aisle Cleaning

Cold Meal 서비스 준비방법

- Meal cart 상단에는 Mineral Water, Orange Juice, Beer, Coke, Diet Coke, Plastic Cup을 준비하고 Muddler Box 안에 Cream/Sugar/Muddler를 Setting한다.
- Coke은 시원한 상태로 준비하여 얼음 없이 제공하며, 커피는 제공하기 직전에 Brew한다.
- Tea 서비스용 Pot은 뜨거운 물을 받아 Tea Bag 6개를 넣고 우려서 준비한다.

(한일노선은 일본 녹차, 한중노선은 우롱차를 서비스한다.)

Hot Meal 서비스 준비방법

- Meal cart 상단에는 Mineral Water, Orange Juice, Beer, Coke, Diet Coke, Plastic Cup을 준비하고 Muddler Box 안에 Cream/Sugar/Muddler/고추장/소금/후추를 Setting한다.
- Coke은 시원한 상태로 준비하여 얼음 없이 제공하며, 커피는 제공하기 직전에 Brew한다. Tea 서비스용 Pot은 뜨거운 물을 받아 Tea Bag 6개를 넣고 우려서 준비한다.
  (한일노선은 일본 녹차, 한중노선은 우롱차를 서비스한다.)
- Meal Tray 제공 후, Small Tray에 Cream, Sugar를 Setting하고, Aisle Duty는 Zone별로 Hot Beverage Refill 서비스를 한다.

■ 중장거리 노선의 일반석 서비스 순서

중장거리 노선의 경우 비행 중 서비스 순서에 따라 서비스 용품을 미리 준비하여 순서대로 서비스를 실시하면 된다. 또한 음료와 식사 서비스의 경우 카트로 차려서 나가야 하면 카트 상단, 중단, 하단에 준비해야 할 용품을 미리 알고 세팅해야 한다.

1st 서비스 순서인 편의용품 및 헤드폰 서비스의 카트차림을 살펴보도록 한다.

1st 서비스 순서

- 비행 편의용품(Amenity Kit, 헤드폰) 서비스
- ↓
- Towel Service(Disposable towel)
- ↓
- 식전 음료 제공(Aperitif, cart 이용)
- ↓
- 기내식 서비스(1st Meal)
- ↓
- Hot Beverage Service(Coffee, Tea 제공)
- ↓
- 기내식 회수(Meal Tray Collection)
- ↓
- Aisle Cleaning

2nd 서비스 순서

- Towel Service(Cotton towel service)
- ↓
- 식전 음료 제공(Aperitif, cart 이용)
- ↓
- 2차 기내식 서비스(2nd Meal)
- ↓
- Hot Beverage Service(Coffee, Tea 제공)
- ↓
- 기내식 회수(Meal Tray Collection)

① 비행 편의용품(Amenity Kit)과 Headphone 서비스

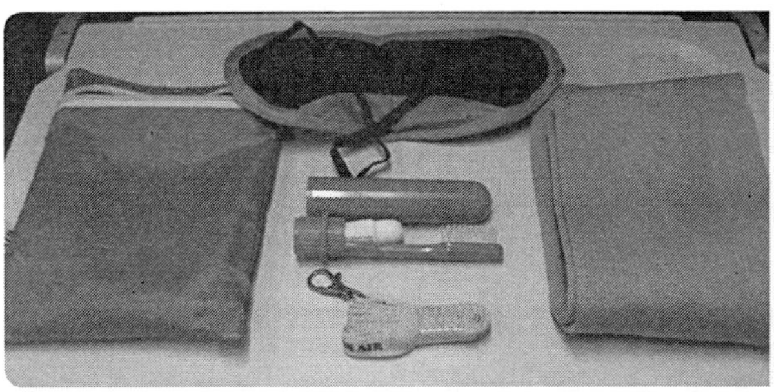

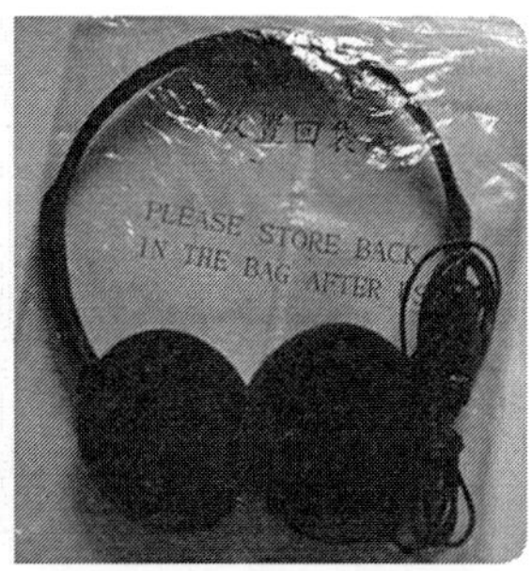

Amenity Kit 제공노선에서는 Headphone 서비스 시 Serving Cart 상단 및 중단에 Amenity Kit을 담당 Zone의 승객 수만큼 준비한다. 특히, Serving Cart 중간에 놓을 때는 빈 Drawer를 활용하여 Amenity Kit이 Cart에서 떨어지지 않도록 주의한다.

비행 편의용품(Amenity Kit)과 헤드폰 서비스 Cart 차림

* Amenity Kit: 칫솔, 치약, 안대, 양말, Kit Bag

상단	Amenity Kit, Headphone
중단	Amenity Kit, 신문
하단	Child Giveaway

- 서비스 방법은 이륙 후 "Fasten Seat Belt" Sign Off 시점에 준비된 Serving Cart를 이용하여 각 기종별 Service Flow에 따라 제공한다.
- 서비스 후 남은 것은 EY 소모품 Drawer에 보관하며, 인천공항 도착 후 하기 된다.

비행 편의용품(Amenity Kit)과 신문/헤드폰 서비스 시 올바른 대화

- 손님, 비행 중 사용하실 헤드폰과 편의용품 제공해 드리겠습니다.

- 헤드폰입니다. 영화를 보시거나 음악을 들으실 때 필요하실 겁니다. 즐겁게 감상하십시오.
- 손님, 일간지와 경제신문이 있습니다. 어떤 신문을 보시겠습니까?
- 손님, 여러 종류의 일간지, 경제지, 그리고 잡지가 준비되어 있습니다. 그동안 국내 소식이 궁금하셨죠? 어느 것으로 보시겠습니까?
- 죄송합니다만, 마침 스포츠신문이 전부 서비스되었습니다. 대신 ㅇㅇ신문은 어떠십니까? 보고 계시는 동안 여분의 스포츠신문이 있는지 다시 확인해 보겠습니다.
- 이것은 항공사에서 어린아이를 위해 준비한 기념품입니다. 스티커와 수첩이 있는데 어떤 것을 원하십니까? 네, 수첩 여기 있습니다. 즐거운 여행되십시오.

② Towel Service

Towel은 승객의 수만큼 Towel Basket에 담아서 서비스하며, 첫 번째 Towel은 일회용인 Disposable Towel을 서비스하고, 두 번째 Towel은 Cotton Towel로 준비하며 미리 heating하여 Warmer에 보관한 후, 서비스 직전에 Towel Basket에 담고 Eaude Toilette의 Spray를 뿌린 후 Towel Basket의 아랫부분을 받치고 Towel Tong을 사용하여 서비스한다. 사용이 끝난 Towel은 승객이 직접 Towel Basket에 담을 수 있도록 유도하거나 Towel Tong을 이용하여 회수한다. 회수한 Towel은 반드시 회수용 비닐에 넣은 후 정위치에 보관하여 서울에서 하기하도록 조치한다.

Towel Service

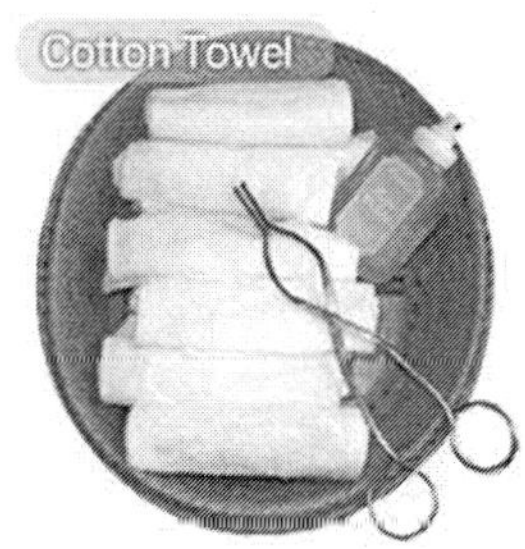

Menu Book & Towel Service 시 올바른 대화

• 오늘 저희가 서비스하게 될 식사 Menu입니다.

1st Towel 제공 시

손님, Towel 사용하시겠습니까? 여기 있습니다.

곧 음료와 식사 서비스를 시작할 예정입니다.

2nd Towel 제공 시

손님 Towel 준비해 드리겠습니다.

Towel이 뜨겁습니다. 조심해서 사용하십시오.

사용이 끝나신 Towel은 바구니 안에 넣어주시면 감사하겠습니다.

③ 식전(Aperitif) 음료 제공

중거리 및 장거리 비행 시 식사 전에 서비스하는 것으로 각종 음료와 주류 등을 제공하는 서비스이며 Cart 및 Tray Base로 서비스한다. 음료 상단에는 종류별로 음료를 Setting하고 음료 및 주류의 Label이 승객에게 잘 보일 수 있도록 준비한다. 음료는 차갑게 서비스될 수 있도록 서비스 전 충분히 상태를 확인한다.

식전(Aperitif) 음료 Service Cart 차림

• **Welcome Cart**

STD 07:00 ~ 18: 59 Flight
1st Meal LCH/ DNR/ SPR/ LIGHT

• **Morning Cart**

STD 07:00 ~ 18: 59 Flight
1st Meal BRF나 BRCH

- **Nuts Basket & Beverage Tray**
  STD 19:00 ~ 06: 59 Flight
  1st Meal LCH/ DNR/ SPR/ LIGHT

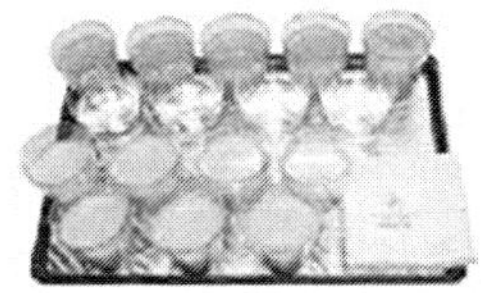

- **Beverage Tray**
  STD 19:00 ~ 06: 59 Flight
  1st Meal DNR/ LCH/ SPR/ LIGHT

식전(Aperitif) 음료 서비스 시 올바른 대화

- 손님, 음료 드시겠습니까?
- 오늘 준비된 음료는 주스류와 탄산음료 그리고 주류로는 맥주, 와인, 칵테일 등이 있는데 어떤 음료로 드시겠습니까?
- 네, 주문하신 오렌지주스 여기 있습니다. 맛있게 드십시오.
- 더 필요하신 음료 있으십니까?
- 와인은 레드와인과 화이트와인이 있습니다. Tasting하시겠습니까?
- 이 와인은 프랑스 보르도 지역에서 생산된 와인입니다.

④ 기내식 서비스(1st Meal)

중거리 및 장거리 1st Meal 식사서비스는 Meal Cart를 사용하여 서비스하는데 카트 상단에는 오렌지주스, Soft Drink류, 레드와인, 화이트와인, 얼음, 플라스틱 컵, 리넨, 고추장, 소금, 후추, 물, Hot Pot, 비빔밥 취식 설명서, 서비스 Tag을 준비한다.

1st 기내식 Service(Lunch, Dinner, Supper) Cart 차림

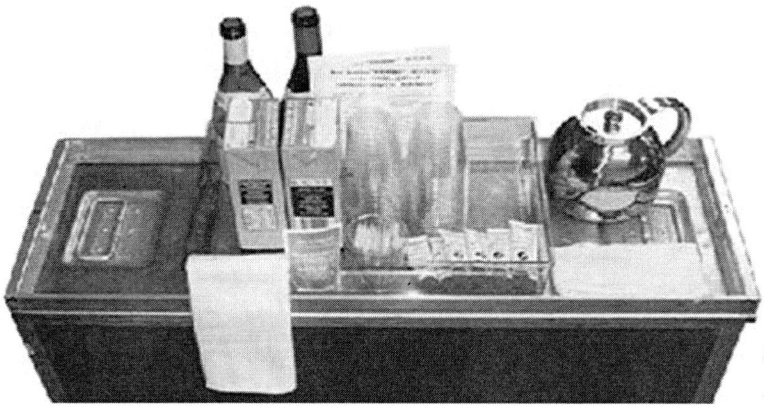

1st 기내식 서비스 시 올바른 대화

- 손님, 식사 준비해 드리겠습니다. 오늘 식사로는 한식의 비빔밥과 서양식의 쇠고기 요리가 준비되어 있습니다. 어떤 것으로 드시겠습니까?
- 네, 주문하신 비빔밥 여기 있습니다. 국은 뜨거우니 조심해서 드십시오.
- 식사와 함께 와인 드시겠습니까? 레드와인과 화이트와인이 있습니다.
- 손님, 오늘 주요리로는 쇠고기 갈비구이와 중국식 닭고기 요리 두 종류가 준비되어 있습니다. 소고기 요리에는 레드와인이 어울릴 것 같습니다. 맛있게 드십시오.
- 손님, 식사 드시겠습니까? 오늘 식사는 비빔밥과 생선요리가 준비되어 있었는데 한식을 드시는 승객이 많아 비빔밥이 소진되었습니다. 생선요리는 대구 생선요리로 버섯소스를 얹은 생선이 튀겨서 나오고 브로콜리와 으깬 감자가 함께 조리된 요리입니다. 죄송합니다만, 양식요리는 어떠세요? 협조해 응해 주셔서 감사합니다. 손님, 두 번째 식사는 손님이 원하는 식사를 드실 수 있도록 먼저 주문을 받겠습니다.
- 정말 죄송합니다. ○○ 대신 **는 백반이 있어서 고추장과 함께 드시면 입맛에 맞으실 겁니다. 드셔보시겠습니까?

2nd 기내식 서비스 시 올바른 대화

- 손님, 두 번째 식사 준비해 드리겠습니다.
- LA까지는 2번의 식사가 준비되어 있습니다.
- 식사 메뉴로 한식의 죽과 오믈렛 요리가 준비되어 있습니다.
- 어떤 음식으로 드시겠습니까?
- 네, 오믈렛 요리 준비해 드리겠습니다. 달걀요리에 케첩 필요하십니까?
- 아침 빵으로 크루아상이 준비되어 있습니다. 따뜻하게 드십시오.
- 식사와 함께 따뜻한 음료도 준비해 드릴까요?
- 커피와 차가 준비되어 있습니다. Tray 위에 커피 잔을 올려주시겠습니까?
- 커피 여기 있습니다. 뜨거우니 조심해서 드십시오.
- 식사 맛있게 드십시오.

⑤ Hot Beverage Service(Coffee, Tea 제공)

Meal Tray 서비스가 끝난 후 Small Tray와 Hot Beverage 서비스용 Item을 준비하여 Coffee Pot, Tea Pot, Casserole(with Tea Bag, Sugar, Cream)을 Setting한다. Aisle Duty는 Zone별로 Hot Beverage를 서비스하며 식사서비스 진행방향과 동일하게 제공한다.

Hot Beverage 서비스 시에는 승객이 Coffee Cup을 Small Tray의 Paper Towel 위에 놓도록 하고 Aisle에서 Hot Beverage를 따른 후 승객이 직접 집도록 안내한다. Hot Beverage 서비스 시에는 Small Tray 위의 Cream과 Sugar를 권유하여 승객이 직접 집을 수 있도록 안내한다.

Tea 서비스 시에는 Hot Water를 먼저 서비스한 후 Small Tray 위의 Black Tea, Green Tea, Lemon, Sugar, Creamer 등을 집을 수 있도록 안내한다.

Hot Beverage Service Tray 차림

Hot Beverage 서비스 시 올바른 대화

- 손님, 따뜻한 음료 드시겠습니까? 커피와 차 준비되어 있습니다.
- Tray 위에 컵을 올려주시겠습니까?
- 설탕과 크림이 필요하시면 직접 집어주시겠습니까?
- 물이 뜨겁습니다. 조심해서 드십시오.

⑥ 기내식 회수(Meal Tray Collection)

Meal Tray 상단의 투명 Drawer 내에 Item을 재정리하고 물, 오렌지주스, 컵, 냅킨을 준비한다. 사용된 컵과 캔 등을 회수하기 위해 별도의 투명 Drawer를 준비한다.

Cart 상단에는 Towel(Paper 또는 Cotton)을 준비한다.

기내식 회수 Cart 차림

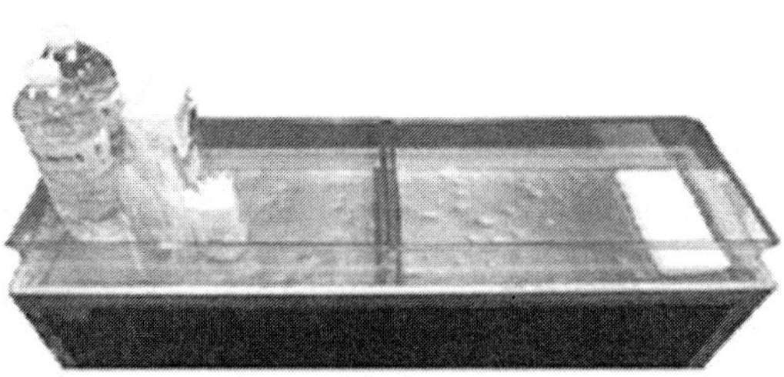

기내식 회수 시 올바른 대화

- 손님, 식사 맛있게 드셨습니까? 다 드신 식사 Tray는 치워드리겠습니다.
- 손님, 식사는 입맛에 잘 맞으셨습니까?
- 물이나 음료 필요하십니까?
- 아직 커피를 드시는 중이면 커피 컵을 제외한 Tray는 치워드려도 될까요?
- 커피가 더 필요하시면 저희 승무원에게 말씀해 주시고, 천천히 드십시오.

⑦ Aisle Cleaning

모든 기내서비스가 종료되면 객실승무원은 Aisle에 떨어진 비닐, 회수하지 못한 Cup 등의 Item을 치우고 화장실 Item을 채운다.

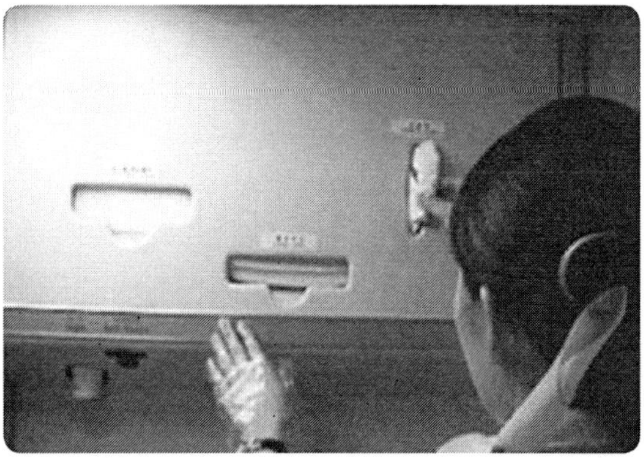

IN-BETWEEN SNACK(간식) 서비스

■ 서비스 준비

Large Tray에 종류별(Pizza, Onigiri, 새우깡) Snack과 Cocktail Napkin을 준비한다.

Heating이 필요한 Pizza의 경우 해동된 상태의 Pizza를 예열되지 않은 Cold Oven에 종이 Pack을 한 겹으로 깔아 넣고 Med 15분으로 Heating한다.

■ 서비스 방법

영화 상영 시나 승객 휴식 시 Walk Around를 하며 Large Tray에 준비한 Snack과 음료를 함께 제공한다.

Pizza는 Heating하여 따뜻하게 서비스한다.

Self Service Corner를 운영하는 경우 투명 Drawer에 담아 기종별로 정해진 위치에 준비해 놓는다.

(3) 면세품 판매하기

기내의 모든 식음료 서비스가 완료되면 승객의 편의를 위해 면세품을 판매하는데 대부분 Cart에 면세용품을 올려서 판매하는 형식을 취한다. 비행 편수에 따라 판매하는 물품에 차이가 있으며 면세품의 종류로는 주류, 담배, 화장품, 건강식품, 초콜릿, 기념품 등이 있다. 기내 면세품은 비행마다 담당하는 승무원이 지정되므로 기내 면세품 담당승무원의 책임하에 기내판매 담당승무원을 배정하고 한 Cart당 3명을 배정하여 두 명은 판매에 가담하고 한 명은 Delivery를 한다.

기내판매 담당승무원은 항공기 출발 전 기내판매 잔돈을 수령하고 판매승무원용 조견표와 기내판매 머니백(Money Bag)을 수령한다.

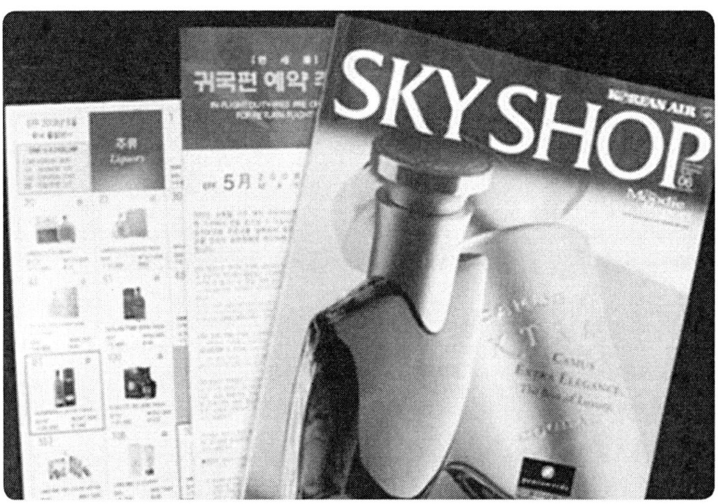

■ 대금수수

기내판매 시 대금 및 거스름돈의 수수는 신속하고 정확해야 하며 계산 착오, 판매지연, 거스름돈 미지급 등으로 인한 승객의 불만이 없도록 해야 한다.

수수 가능 화폐 및 Credit Card는 회사가 지정한 세계 주요 화폐, Traveler's Check 및 Credit Card이다.

■ 기내판매 종료시점

- Approaching 시점까지

단, 기내판매에 대한 별도의 세관 Report 작성이 필요한 Station의 경우 사무장 판단에 의거하여 보고서 작성에 필요한 최소 업무시간의 범위 내에서 기내판매 종료 시점을 조정할 수 있다.

■ 귀국편 사전주문서

- 귀국편 예약 주문서는 기내 면세품 물건을 미리 신청하여 귀국편에서 받는 시스템이며 인천공항 출발 시 비행기에서 접수한 기내판매 사전주문서를 정확히 작성하여 회사 제출용과 승객보관용을 구분하여 인계한다.
- 출발일자(현지일자) 및 귀국편명 기재 여부를 확인한다.
- 외항사 항공기로 운항되는 공동운항편에 대한 예약주문은 불가하다.
- 일부 고가품은 한국 입국편 사전주문이 불가하다.
- 이름은 영문으로 기재되어야 한다,
- 기내접수 귀국편 사전주문은 사전주문서를 접수한 항공기가 귀국편에 한하여 가능하며 기타 노선은 72시간 이후 출발 귀국편에 한하여 가능하다.
- 승객으로부터 접수 후 즉시 Galley에 준비된 기내서류 보관 Pouch에 즉시 투입하고, 개별 보관은 금지한다.
- 기내판매 담당승무원은 모기지 도착 후, 객실사무장으로부터 취합된 사전주문서와 기내접수 서류 List를 인계받아 수납창구에 주문서와 List를 접수시킨다.

■ 기타 유의사항

- 판매된 물품은 Shopping Bag에 넣어서 승객에게 전달한다.
- 만 19세 미만의 미성년 승객에 대한 두류 및 연초류의 판매는 금지한다.
- 소득공제용 현금영수증 발급 요청 접수 시 "기술적, 제도적 문제로 현재는 기내에서의 발급이 불가"함을 안내한다.
- 승객이 상품할인권 또는 각종 우대할인권을 이용하여 기내면세품을 구입하는 경우 할인권의 기내면세품 구매 시 사용가능 여부, 유효기간 등을 반드시 확인 후 수수한다. 기내 수수 불가 할인권 수수 시 해당 금액은 Shortage 처리되며, 변제 책임은 해당 승무원에게 있다.

면세용 판매 시 올바른 대화

- 기내 면세품 판매하고 있습니다. 면세품 필요하십니까? 천천히 살펴보십시오. 좌석 주머니에 Sky Shop 안내 책자가 있습니다. 가격과 제품 설명을 보시면 도움이 될 겁니다.
- 면세품 판매합니다. 자리에 앉아 계시다 판매대가 지날 때 편하게 구입하시면 됩니다.
- 주문하신 물품이 맞는지 확인해 보시겠습니까? 계산은 현금과 카드 계산이 가능한데 어떤 방법으로 하시겠습니까? 섞어서 지불하셔도 됩니다. 잔돈은 원화로 드릴까요?
- 사인 부탁드립니다. 영수증 여기 있습니다. 감사합니다.

(4) 객실상태 점검하기

항공기 객실에는 승객의 편안하고 쾌적한 여행을 위해 편의시설 및 기내서비스를 제공하기 위한 다양한 종류의 시설물이 있으며 항공기 기종에 따라 작동방법의 차이가 있으므로 승무원은 이러한 시설물의 사용법을 미리 숙지하여 승객에게 알

맞게 응대할 수 있어야 한다.

① 객실시설물 점검하기

비행 중에는 기내 각종 시설물에 이상이 없는지 항상 점검하며, 승무원은 담당 구역별로 객실, 갤리, 화장실, 승객좌석, 객실통로, 수하물 선반, 코트룸(Coat room), 승무원 휴식 공간(Crew Rest Area) 등의 청결상태 및 위험물질 탑재 여부를 비행 중 상시 확인해야 하며 비행 중 이상이 있을 경우 사무장에게 보고해야 한다.

■ CMS(Cabin Management System)

CMS는 객실설비를 종합적으로 관리, 제어할 수 있는 객실 설비 관리시스템으로 신규 도입된 기종에서 운용하고 있다. 승객 위락 시설물을 포함한 객실설비 개선에 따라 승객에게 다양한 서비스를 제공하고 아울러 기내 설비를 승무원이 종합제어토록 하는 것이 기존 항공기의 시스템과 구분되는 장점이다.

■ 좌석용 위성전화

승객의 ARMREST 상단에 장착되어 있으며 한쪽 면은 위성전화기, 다른 면은 Individual Monitor Screen을 Control하기 위한 PCU(Passenger Control Unit)로 사용된다.

- 장탈 시에는 ARMREST COVER를 연 후 위성전화 위쪽에 있는 Release Latch를 Seat 전방으로 민다.
- 쉽게 꺼낼 수 있도록 위성전화기 상단이 튀어 나온다.
- 튀어 나온 부분을 위로 잡아당기면 완전히 장탈된다.
- 장착 시에는 Cord(위성전화기 줄)를 약간 잡아당겼다 놓는다.
- Cord가 자동으로 감겨 들어가게 되면 수화기의 Cord가 장착되어 있는 부분까지 Cradle(수화기대)에 밀어 넣은 후 다른 쪽 끝이 딸깍하며 닫힐 때까지 누른다.

* 수화기 장착 전 Power가 반드시 OFF로 되어 있어야 한다.

② 통로 및 주변 점검하기

승무원은 비행 시 기내 순회(Walk Around)를 15분 단위로 실시하며 통로 및 주변 청결에 신경써야 한다. 어린이, 노약자에게는 불편한 사항이 없는지 수시로 확인하며 몸이 불편한 승객은 지속적인 관심을 가지고 세심하게 관리한다. 기내식 서비스가 끝나면 기내는 이물질이 생길 수 있는데 이물질 및 청결활동을 위해 비닐장갑을 끼고 오물 수거와 사용된 컵, 다 읽은 신문, 비행 중 불필요한 물건은 승객의 의향을 물은 뒤 치우도록 한다. 또한 기내조명이 어두운 상태에서 독서를 하시는 승객에게는 독서등을 켜드린다.

③ 객실온도 조절하기

기내온도는 섭씨 24도를 기준으로 -1도, -2도/+1도, +2도 정도로 유지하는 것을 원칙으로 하며 기내가 너무 춥거나 더울 경우 사무장에게 고지하여 기내 온도를 재설정할 수 있다.

항공기가 지상에 있거나 비행 상태에 있을 경우, 조종석 및 객실을 청결하고 쾌적하게 유지하기 위하여 기내로 계속해서 신선한 공기를 공급하고, 이산화탄소 등 승객에 의해서 사용된 공기는 계속 밖으로 배출시킴으로써 객실 내를 항상 신선하게 하고 온도를 적절하게 유지시켜 주는 장치가 민간 항공기에는 설치되어 있는데 이를 항공용어로 에어컨디셔닝 시스템(Air Conditioning System)이라고 한다.

④ 객실조명 조절하기

객실조명은 서비스 내용 및 시간대에 따라 조절해야 하며 승객 탑승시점과 항공기 도착 전, 식사서비스, 면세품 판매 중에는 객실조명을 최대밝기(Full Bright)로 조절한다. 이때, 승객의 조도(기내밝기) 적응을 위해 약간 어두운 상태(Dim)에서 어느 정도 유지한 후 단계적으로 시간을 두고 조절한다. 반대로 밝은 조명에서 어두운 조명으로 조절 시에도 단계적인 시간차를 두고 조절한다.

⑤ 화장실 점검하기

승무원은 비행 중 화장실 내부 시설물의 고장여부와 청결상태를 수시로 점검해야 하며 식사서비스 직후에는 앞치마를 갈아입고 1회용 비닐장갑을 착용한 뒤 티슈와 화장실용 휴지, 종이 타월, 컵이 화장실에 항상 비치될 수 있도록 점검한다. 바닥의 물기를 제거하고 거울의 이물질도 닦고 화장실 비품의 청결 및 정돈상태를 확인한다. 화장실의 내부 점검이 끝나면 방향제를 스프레이한다. 화장실 내에서는 절대 금연 규정을 준수하며 비행 중 화장실에서 흡연하는 승객이 있는지 수시로 점검한다.

⑥ 갤리(Galley)용품 점검하기

Galley는 승무원이 승객에게 제공하는 음료와 식사를 준비하는 공간으로 오븐(Oven), 냉장고, 커피메이커, 워머(Warmer), 컴파트먼트(Compartment) 및 캐리어박스(Carrier on Box), 카트(Cart), 기물 등이 있다.

식음료를 준비하는 동안 Galley 내 탑재된 음식의 신선도와 위생상태를 고려하여 항상 청결하게 유지하고 서비스 시작 전에 기물 및 기용품의 청결도, 상태를 점검하여 사용한다. 또한 다음 편수에 인수할 기물이나 기용품은 깨끗이 세척하여 다음편 승무원이 알 수 있는 정위치에 보관한다.

상활별 대처방법을 연습해 봅시다.

■ Walk Around 상황

상황	다른 읽을거리가 있습니까?
답변	
상황	영화는 언제 상영하나요? 오늘 영화는 뭐지요?
답변	

상황	여기가 어디쯤 돼요? 창 밖에 저기가 어디죠?
답변	
상황	앞쪽 승객들이 너무 떠들어서 잠을 잘 수가 없어요.
답변	
상황	지금 몹시 배가 고픈데요.
답변	
상황	기내설비 고장
답변	대단히 죄송합니다. 기내비디오 장비 이상으로 영화상영이 어렵게 되었습니다. 지금 저희가 고쳐보는 중이니 잠시 기다려주시기 바랍니다. 미리 확인하지 못한 점 대단히 죄송합니다. 기다리시는 동안 신문, 잡지를 보시는 것은 어떠시겠습니까?

■ 음료서비스 관련 상황

상황	어떤 음료수가 있나요?
답변	
상황	무슨 칵테일이 있죠?
답변	
상황	음악을 들으며 잠든 승객
답변	

■ 식사서비스 관련 상황

상황	비빔밥 하나 더 먹을 수 있을까요?
답변	
상황	승객이 원하는 음식이 다 떨어지고 없는 경우
답변	
상황	기내식/용품 불만
답변	좋으신 말씀입니다. 저희도 항상 다양한 메뉴로 손님들을 모시고자 노력하고 있습니다만 앞으로 더욱 신경쓰겠습니다. 관심을 보여주신 데 대하여 감사드리며 말씀하신 사항들을 담당부서에 통보하여 잘 반영되도록 하겠습니다. 의견을 주셔서 감사합니다.

사례연구

▶ 각 조별로 토의를 진행할 Leader와 조별 종합의견을 발표할 발표자를 선출하십시오.

(　　　) 조 명단			
Leader		Reporter	

▶ 각 조의 Leader는 다음 사항을 숙지하시어 토의를 진행해 주시기 바랍니다.

진행순서	진행내용	소요시간	대상자
1	진행내용 및 순서 소개	2분	Leader
2	제시된 사례소개	5분	Leader
3	사례별 문제점 및 해결책 검토	20분	전원
4	사례별 교훈의 추출	20분	전원
5	사례별 추출된 교훈을 토대로 『조별고객만족서비스』에 대한 종합의견 작성	20분	전원
6	발표 준비	13분	전원

▶ 사례별 문제점 및 해결책 검토

사례 NO:(　　　　　)	사례 제목:
■ 문제점	
■ 해결책	

▶ 사례별 교훈의 추출

▶ 종합의견

– 사례별 추출된 교훈을 토대로 조별 『고객만족 서비스』에 대한 종합의견 작성

4. 착륙 전 서비스

착륙 전 서비스는 항공기가 착륙하기 위해 승무원들에 의해 실시되는 승객 안전 점검을 말한다.

분류번호	1203010505_13v1
능력단위명칭	착륙 전 서비스
능력단위 정의	착륙 전 서비스란 입국서류 배포 및 작성 지원, 기내서비스 용품 회수, 기내서비스 용품 및 면세품 재고 확인, 목적지 도착 안내방송을 수행하는 능력이다.

능력단위요소	학습내용
입국서류 배포 및 작성지원	– 객실서비스 규정에 따라, 담당구역별 도착지 입국에 필요한 서류를 배포할 수 있다. – 객실서비스 규정에 따라, 도착지 국가의 출입국 규정을 숙지하여 승객에게 정확히 안내할 수 있다. – 객실서비스 규정에 따라, 도착 전 입국에 필요한 서류의 작성 여부를 점검하고 조치할 수 있다. – 객실서비스 규정에 의해 특수고객에게 필요한 서류 작성에 협조할 수 있다.
기내용품 회수하기	– 객실서비스 규정에 의해, 서비스한 기내용품과 회수된 기내용품의 수량을 파악할 수 있다. – 객실서비스 규정에 의해, 회수된 기내용품의 상태를 확인하여, 상태별로 분리할 수 있다. – 객실서비스 규정에 의해, 기내용품 소지 승객에 대해 회수 안내할 수 있다.
기내서비스 용품 및 면세품 재고 확인하기	– 객실서비스 규정에 따라, 기내 판매업무를 종료하고, 면세품 재고를 확인할 수 있다. – 객실서비스 규정에 따라, 면세품에 대한 상태를 확인하여, 필요 조치를 취할 수 있다. – 객실서비스 규정에 따라, 서비스 종료 후, 서비스 용품 재고를 확인할 수 있다. – 객실서비스 규정에 따라, 하기 시 필요한 조치사항과 교대팀에게 필요한 전달사항을 기록할 수 있다.
목적지 도착 안내방송하기	– 객실서비스 규정에 따라, 방송에 필요한 정보를 파악할 수 있다. – 객실서비스 규정에 따라, 목적지 도착 안내방송에 필요한 언어를 구사할 수 있다. – 객실서비스 규정에 따라, 목적지 도착 안내방송에 필요한 표준어 사용을 할 수 있다.

(1) 입국서류 배포 및 작성 지원하기

항공기 탑승 승객은 최종 목적지 국가에 입국하기 위해 여권과 비자를 포함한 기내에서 작성하는 출입국서류, 세관서류 및 검역설문서를 작성해야 한다. 도착지 국가의 출입국 규정이 다르므로 정확히 숙지하고 승객이 작성하지 못하는 부분은 승무원이 적극적으로 협조하여 작성을 도와준다. 영어로 작성해야 하는 경우, 대문자로 작성한다.

대한민국 입국에 필요한 입국서류

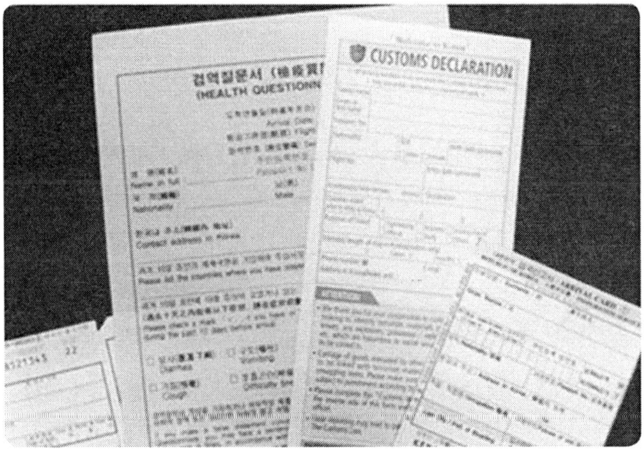

입국서류 배포 시 올바른 대화

- 손님, 입국서류 드리겠습니다. 미국 시민권이나 영주권, Canadian, Green Card를 소지하고 계십니까?
- 미국 입국에 필요한 서류 드리겠습니다. 입국서류와 세관신고서이며 세관신고서는 가족당 1부 작성하시면 됩니다.
- 입국서류는 반드시 영어 대문자로 기입하여 주시기 바랍니다. 또한 미국 내 체류하실 주소를 꼭 작성해야 합니다.
- 미국 입국 시 면세기준은 1인당 술 1리터와 담배 1CTN 또는 50개피가 가능하며, 담배 및 주류는 21세 이상의 여객에게만 해당됩니다. 또한 미화 만 불 이상과 식품류는 반드시 세관에 신고해야 합니다.

■ 대한민국/인천 국제공항

공항정보	인천국제공항
공항위치	서울 도심에서 서쪽으로 약 60km 떨어진 곳에 위치(시청 기준)
한국과 시차	GMT + 9Hour 세계표준시각에 비해 9시간 빠름
공항세	항공권 포함 징수됨(입국세관서류 : 세관신고서 있음)
여권정보	입출국자는 여권 소지
비자정보	국적별 TIM(Travel Information Manual) 확인 필요
현금소지한도	출국/입국 시 1인당 USD 10,000 상당 초과 시 세관에 신고 요망

■ 미국/로스앤젤레스

공항정보	탐 브래들리 국제선 청사
공항위치	LA 한인타운에서 남서쪽 약 30km에 위치(40~50분 소요)
한국과 시차	서울 −17시간 여름 서머타임 기간 중에는 −16시간
여권정보	하기 국적자를 제외한 국민은 6개월 이상의 유효기간이 있는 여권 필요함(Australia, Austria, Belize, Canada, Chile, Denmark, Germany, India, Macau, South Africa, Peru, Switzerland 등)
비자정보	방문목적에 따라 그에 맞는 비자가 필요하나 대한민국 국민을 포함한 VISA WAIVER PROGRAM에 가입된 하기 국가 국민이 관광이나 사업장의 목적으로 90일 이하 체류 시의 경우 사전 ESTA 승인을 통한 무비자 입국 가능함
현금소지한도	미국으로부터 1만 달러 이상을 반입 및 반출하는 경우 법에 의해 금융범죄 단속네트워크로 미국 세관국경보호국에 신고서를 제출하여야 하고 지급 수단으로는 주화, 통화, 여행자수표 등의 무기명증권이 포함된다.

■ 미국/호놀룰루(하와이)

공항정보	호놀룰루 국제공항 국제선 청사
공항위치	시내로부터 서쪽으로 약 13.5km(8.4Miles) 떨어진 곳에 위치
한국과 시차	세계 표준시 기준 −10시간 한국 표준시 기준 −19시간
공항세	없음(입국세관서류 : 세관신고서 있음)
여권정보	한국국적 소유자 : 방문기간 동안 여권이 유효하여야 함

비자정보	VWP – NO VISA 방문 3개월 B1 – 6개월 방문비자 F1 – 학생비자 L1 – 주재원 비자 A1 – 외교관 비자
현금소지한도	제한없음. 단 미화 만 불 이상 소지자는 세관에 신고절차 필요함

■ 호주/시드니 국제공항

공항정보	시드니 킹스포드 스미스 국제공항 국제선(1), 국제선(2), 화물청사(1) 구성 국제선 청사는 PIER B 및 PIER C 구분
공항위치	시내 중심에서 약 15km 정도 거리
한국과 시차	서울 +2시간 서머타임제 적용 2014년 10월 5일~2015년 4월 5일
공항세	항공권에 포함(입국세관서류 : 입국신고서에 세관, 검역 포함)
여권정보	특별한 제한은 없으나 여행기간 내내 유효조건
비자정보	필요함
현금소지한도	AUD 10,000 미만이며 초과 시 반드시 신고

■ 프랑스/파리 샤를드골 국제공항

공항정보	샤를드골 국제공항
공항위치	시내로부터 32km 떨어짐
한국과 시차	7시간(하계) : 한국시간에서 –7시간 하면 현지시간임 8시간(동계)
공항세	항공권 발권 시 포함됨(입국세관서류 : 없음)
여권정보	도착일 기준 3개월 이내 출국 항공권 필요
비자정보	3개월 이하 체류 시 비자면제(귀국 항공권 필요)
현금소지한도	10,000EUR

■ 독일/프랑크푸르트 국제공항

공항정보	프랑크푸르트 국제공항
공항위치	북위 50° 02', 동경 8° 34' 프랑크푸르트 도심에서 서남방 12km
한국과 시차	한국과 8시간, 즉 한국시간에 –8 서머타임 –7시간
공항세	항공권에 포함됨(입국세관서류 : 없음)
여권정보	특이사항 없음
비자정보	한국인 90일 체류 가능
현금소지한도	1인당 10,000EUR 이하만 허용됨(이상 시 반드시 자진 신고해야 됨). 특히 가족 혹은 단체와 함께 여행 시 1명이 가족 혹은 단체손님의 전체 현금을 소지할 경우 그 금액이 1만 유로를 OVER 시에 반드시 신고해야 됨

■ 이탈리아/로마 레오나르도다빈치 국제공항

공항정보	레오나르도다빈치 국제공항
공항위치	로마 시내에서 남서쪽으로 35km 떨어진 피우미치노에 위치
한국과 시차	한국과 7시간, 즉 한국시간에 –7
공항세	항공권에 포함됨(입국세관서류 : 없음)
여권정보	도착일 기준 3개월 이내 출국 항공권 필요
비자정보	한국 국적 비자 필요 없음
현금소지한도	10,000EUR

■ 런던/히드로 국제공항

공항정보	히드로 국제공항
공항위치	런던 도심에서 서남방 19.2km에 위치
한국과 시차	서울 –9시간 서머타임 기간(3월 마지막 주 일요일부터 10월 마지막 주 일요일까지) 서머타임 시 –8시간
공항세	항공권에 포함됨(입국세관서류 : 있음)
여권정보	한국여권기준(최소 희망 체류일까지 여권이 유효해야 함)
비자정보	한국여권기준 최대 6개월까지 무비자로 체류 가능함(왕복표 소지 필요)
현금소지한도	10,000EUR 이하만 허용됨(혹은 동등한 가치의 다른 통화)

■ 태국/방콕 수안나폼 국제공항

공항정보	수안나폼 국제공항
공항위치	시내에서 30km 떨어짐
한국과 시차	서울보다 2시간 느림
공항세	항공권에 포함(입국세관서류 : 세관신고서 있음) 만약 티켓에 방콕공항세(TS)가 포함되지 않고 발권된 경우, 본인이 직접 공항 카운터에서 공항세 700THB 지불해야 함. 환승 손님이 환승구역을 벗어나 입국 및 재출국을 하는 경우 24시간 이내라 하더라도 공항세를 징수하므로 주의 요망
여권정보	6개월 이상 유효한 무비자 입국 가능
비자정보	한국인은 최대 90일까지 무비자 입국 가능
현금소지한도	한국-태국 출국 한도액 : THB 20,000 이하 태국-한국 출국 한도액 : THB 50,000 이하

■ 싱가프로/창이 국제공항

공항정보	창이 국제공항
공항위치	#B1-36, terminal3, 65 Airport Boulevard, Singapore 819663
한국과 시차	서울 -1시간
공항세	항공권에 포함(입국세관서류 : 세관신고서 있음)
여권정보	최소 6개월 이상 유효기간이 남아 있어야 함(엄격하게 적용함)
비자정보	한국인 not require(중국인 바드시 비자 필요)
현금소지한도	SGD 20,000 이상 소지 운반은 세관신고사항임 (2014년 9월 1일부터 적용)

■ 베트남/하노이 노이바이 국제공항

공항정보	노이바이 국제공항
공항위치	하노이 시내로부터 약 35km 거리에 위치
한국과 시차	서울 -2시간
공항세	발권 시 징수(입국세관서류 : 세관신고서 없음)
여권정보	6개월
비자정보	일방적 무비지 15일: 여행객 외 불가
현금소지한도	5,000USD/개인당 그 외 초과금액 신고 요망

■ 일본/나리타 국제공항

공항정보	나리타 국제공항
공항위치	동경 시내로부터 약 60km 떨어져 있음
한국과 시차	한국시간과 차이 없음 GMT +9
공항세	어른 : 2,090엔 어린이 : 1,050엔 환승(어른): 1,050엔
여권정보	입국하여 체류하고자 하는 기간까지 유효기간 필요
비자정보	한국인의 경우 여행목적일 경우 90일간 무비자 체류 가능하며, 90일 이내 확약된 귀국여정 항공권을 소지하여야 함
현금소지한도	JPY(일본 엔) 1,000,000 : 100만 엔을 넘을 경우 입국 시 신고 필요

■ 중국/베이징 수도 국제공항

공항정보	베이징 수도 국제공항
공항위치	시내 중심부로부터 약 29km 떨어져 있음
한국과 시차	한국시간보다 1시간 늦음
공항세	CNY 90.00(입국세관서류 : 입국신고서 있음)
여권정보	여권소지
비자정보	서울의 중국비자 발급센터는 서울역 서울 스퀘어 6층에서 발급받을 수 있다.
현금소지한도	CNY 20,000 이상 세관신고

시차란?

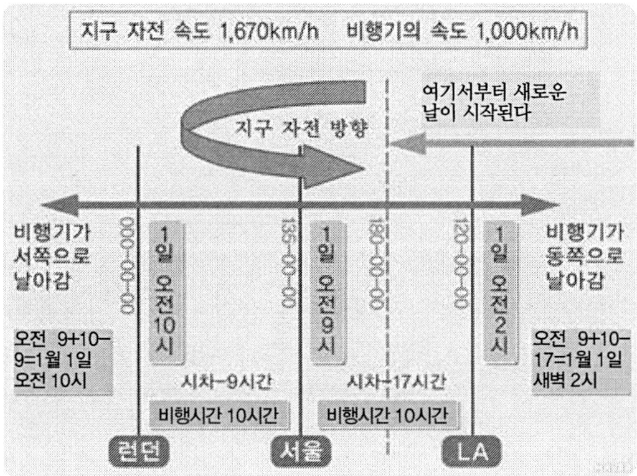

- 경도는 시차를 결정한다.
- 우리나라는 동경 135도를 표준경선으로 사용한다. 날짜 변경선인 동경 180도에서 서경 180도로 갈수록 시간이 늦어지기 때문에 우리나라는 영국보다 9시간 빠르다.
- 한국 표준시는 그리니치 평균시(세계시)보다 9시간 빠르므로 런던이 1월 1일 00시이면 서울은 1월 1일 09시가 된다. 그러므로 서울의 1월 1일 0시는 런던보다 이미 9시간 전에 지났다는 말이 된다.
- 이때 런던의 서쪽인 뉴욕은 12월 31일 19시가 되고, LA는 16시이다.
- 그러므로 한국에서 뉴욕의 시간을 알아보려면 14시간을 빼야 하고 LA는 17시간을 빼야 한다.
- 지금까지 설명한 것은 모두 그리니치의 본초자오선(경도 0° 00′ 00″)을 기준으로 설명한 것이다.

■ 미국 입국 신고서 작성하기

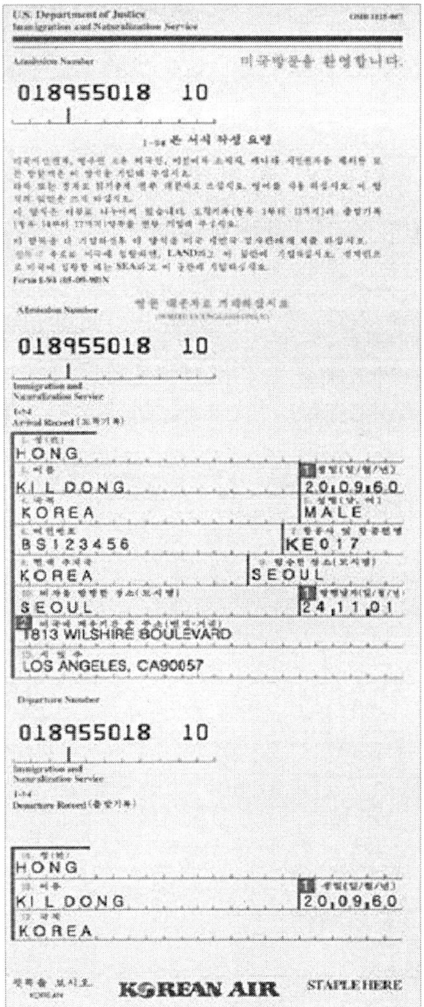
U.S. Department of Justice
Immigration and Naturalization Service

Admission Number
미국방문을 환영합니다.

018955018 10

I-94호 서식 작성 요령

Form I-94 (05-09-90)N

Admission Number

018955018 10

Immigration and Naturalization Service
I-94
Arrival Record (도착기록)

HONG
KI L DONG
20.09.60
KOREA
MALE
BS123456
KE017
KOREA
SEOUL
SEOUL
24.11.01
1813 WILSHIRE BOULEVARD
LOS ANGELES, CA90057

Departure Number

018955018 10

Immigration and Naturalization Service
I-94
Departure Record (출발기록)

HONG
KI L DONG
20.09.60
KOREA

KOREAN AIR
STAPLE HERE

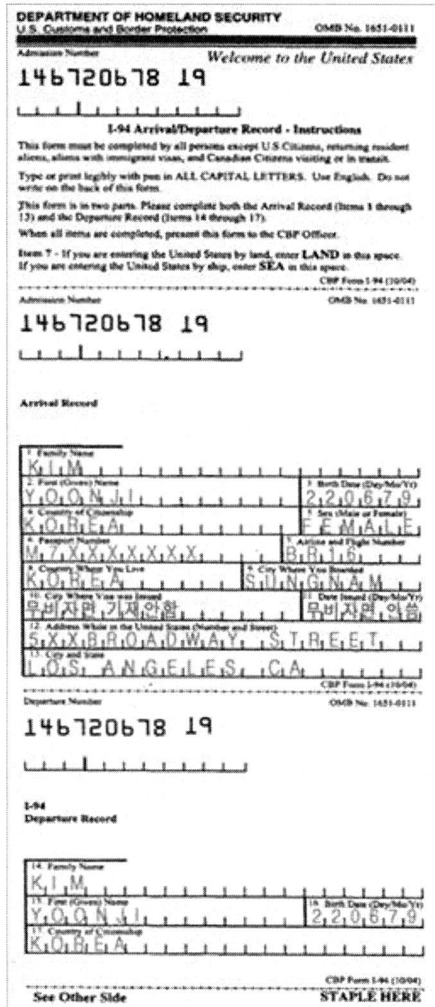
DEPARTMENT OF HOMELAND SECURITY
U.S. Customs and Border Protection
OMB No. 1651-0111

Admission Number
Welcome to the United States

146720678 19

I-94 Arrival/Departure Record - Instructions

This form must be completed by all persons except U.S.Citizens, returning resident aliens, aliens with immigrant visas, and Canadian Citizens visiting or in transit.

Type or print legibly with pen in ALL CAPITAL LETTERS. Use English. Do not write on the back of this form.

This form is in two parts. Please complete both the Arrival Record (Items 1 through 13) and the Departure Record (Items 14 through 17).

When all items are completed, present this form to the CBP Officer.

Item 7 - If you are entering the United States by land, enter LAND in this space. If you are entering the United States by ship, enter SEA in this space.

CBP Form I-94 (10/04)

Admission Number
OMB No. 1651-0111

146720678 19

Arrival Record

1. Family Name: KIM
2. First (Given) Name: YOONJI
3. Birth Date (Day/Mo/Yr): 220679
4. Country of Citizenship: KOREA
5. Sex (Male or Female): FEMALE
6. Passport Number: M7XXXXXXX
7. Airline and Flight Number: BR16
8. Country Where You Live: KOREA
9. City Where You Boarded: SUNGNAM
10. City Where Visa was Issued: 무비자라 기재안함
11. Date Issued (Day/Mo/Yr): 무비자라 안씀
12. Address While in the United States (Number and Street): 5XXBROADWAY STREET
13. City and State: LOS ANGELES CA

CBP Form I-94 (10/04)

Departure Number
OMB No. 1651-0111

146720678 19

I-94
Departure Record

14. Family Name: KIM
15. First (Given) Name: YOONJI
16. Birth Date (Day/Mo/Yr): 220679
17. Country of Citizenship: KOREA

CBP Form I-94 (10/04)
See Other Side
STAPLE HERE

① 성
② 이름
③ 생년월일(일-월-년 순으로)
④ 국적
⑤ 성별
⑥ 여권번호
⑦ 미국 입국 전 탑승한 항공편수
⑧ 현재 거주 국가
⑨ 살고 있는 도시
⑩ 비자발급도시
⑪ 비자발행일자
⑫ 미국에 체류할 주소(도로명까지 입력)
⑬ 시 및 주
⑭⑮⑯⑰은 ①②③④와 같이 기재

■ 미국 세관신고서 작성하기

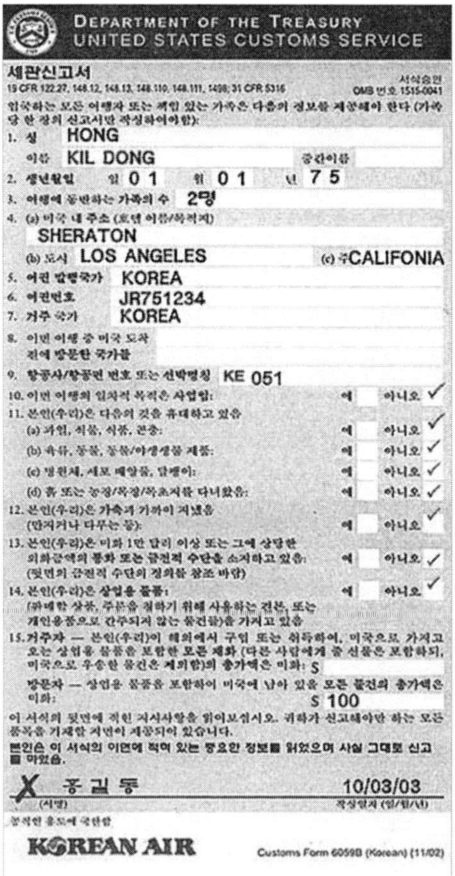

DEPARTMENT OF THE TREASURY
UNITED STATES CUSTOMS SERVICE

세관신고서
19 CFR 122.27, 148.12, 148.13, 148.110, 148.111, 1498; 31 CFR 5316
서식승인 OMB 번호 1515-0041

1. 성 HONG
이름 KIL DONG 중간이름
2. 생년월일 일 0 1 월 0 1 년 7 5
3. 여행에 동반하는 가족의 수 2명
4. (a) 미국 내 주소 (호텔 이름/목적지) SHERATON
(b) 도시 LOS ANGELES (c) 주 CALIFONIA
5. 여권 발행국가 KOREA
6. 여권번호 JR751234
7. 거주 국가 KOREA
8. 이번 여행 중 미국 도착 전에 방문한 국가들
9. 항공사/항공편 번호 또는 선박명칭 KE 051
10. 이번 여행의 일차적 목적은 사업임: 예 아니오 ✓
11. 본인(우리)은 다음의 것을 휴대하고 있음
(a) 과일, 식물, 식품, 곤충: 예 아니오 ✓
(b) 육류, 동물, 동물/야생생물 제품: 예 아니오 ✓
(c) 병원체, 세포 배양물, 달팽이: 예 아니오 ✓
(d) 흙 또는 농장/목장/목초지를 다녀왔음: 예 아니오 ✓
12. 본인(우리)은 가축과 가까이 지냈음 (만지거나 다루는 등): 예 아니오 ✓
13. 본인(우리)은 미화 1만 달러 이상 또는 그에 상당한 외화금액의 통화 또는 금전적 수단을 소지하고 있음: 예 아니오 ✓
14. 본인(우리)은 상업용 물품: 예 아니오 ✓
15. 거주자 — 총가액은 미화: $
방문자 — 상업용 물품을 포함하여 미국에 남아 있을 모든 물건의 총가액은 미화: $ 100

본인은 이 서식의 이면에 적혀 있는 중요한 정보를 읽었으며 사실 그대로 신고를 하였음.

X 홍길동 10/03/03
(서명) 작성일자 (일/월/년)

KOREAN AIR Customs Form 6059B (Korean) (11/02)

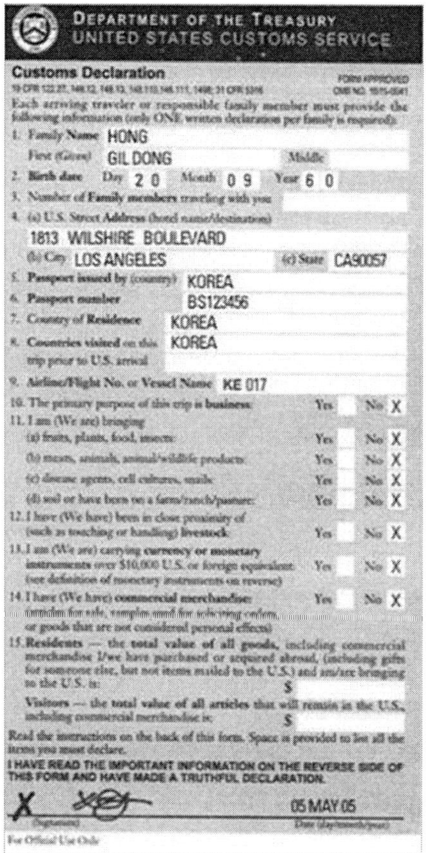

DEPARTMENT OF THE TREASURY
UNITED STATES CUSTOMS SERVICE

Customs Declaration
19 CFR 122.27, 148.12, 148.13, 148.110, 148.111, 1498; 31 CFR 5316
FORM APPROVED OMB NO. 1515-0041

Each arriving traveler or responsible family member must provide the following information (only ONE written declaration per family is required):
1. Family Name HONG
First (Given) GIL DONG Middle
2. Birth date Day 2 0 Month 0 9 Year 6 0
3. Number of Family members traveling with you
4. (a) U.S. Street Address (hotel name/destination) 1813 WILSHIRE BOULEVARD
(b) City LOS ANGELES (c) State CA90057
5. Passport issued by (country) KOREA
6. Passport number BS123456
7. Country of Residence KOREA
8. Countries visited on this trip prior to U.S. arrival KOREA
9. Airline/Flight No. or Vessel Name KE 017
10. The primary purpose of this trip is business: Yes No X
11. I am (We are) bringing
(a) fruits, plants, food, insects: Yes No X
(b) meats, animals, animal/wildlife products: Yes No X
(c) disease agents, cell cultures, snails: Yes No X
(d) soil or have been on a farm/ranch/pasture: Yes No X
12. I have (We have) been in close proximity of (such as touching or handling) livestock: Yes No X
13. I am (We are) carrying currency or monetary instruments over $10,000 U.S. or foreign equivalent: Yes No X
14. I have (We have) commercial merchandise: Yes No X
15. Residents — the total value of all goods, including commercial merchandise I/we have purchased or acquired abroad, (including gifts for someone else, but not items mailed to the U.S.) and am/are bringing to the U.S. is: $
Visitors — the total value of all articles that will remain in the U.S., including commercial merchandise is: $

Read the instructions on the back of this form. Space is provided to list all the items you must declare.
I HAVE READ THE IMPORTANT INFORMATION ON THE REVERSE SIDE OF THIS FORM AND HAVE MADE A TRUTHFUL DECLARATION.

X (Signature) 05 MAY 05 Date (day/month/year)

For Official Use Only

① 성/이름

② 생년월일(일-월-년 순으로)

③ 동반가족 수

④ (a)미국 내 체류주소(호텔이름/목적지), (b)도시, (c)주

⑤ 여권발행국

⑥ 여권번호

⑦ 국적

⑧ 경유국가

⑨ 비행편수 및 선박이름

⑩ 이번 여행의 일차적 목적은 사업임

⑪ 본인은 다음의 것을 소지하고 있음

(a) 과일, 식물, 식품, 곤충:

(b) 육류, 동물, 동물/야생동물 제품:

(c) 병원체, 세포배양물, 달팽이:

(d) 흙 또는 농장/목장/목초지를 다녀왔음

⑫ 본인은 가축과 가깝게 지냈음: (만지거나 다루는 등)

⑬ 본인은 미화 1만 달러에 상당하는 외화 또는 금전적 수단을 소지하고 있음

⑭ 본인은 상업용 물품을 가지고 있음
(판매목적 또는 개인용품으로 간주되지 않은 물건들)

⑮ 거주자–본인이 해외에서 구입 또는 취득하여, 미국으로 가지고 오는 모든 재화의 총가액은: $

(2) 기내용품 회수하기

항공기가 목적지에 도착하기 전 기장은 착륙 안내방송을 하는데 이때 모든 승무원은 담당구역별로 기내서비스 용품을 회수하고 화장실의 정리정돈 및 승객 좌석의 주변 정리, 담요 및 베개 정리, 승객의 좌석벨트 착용상태, 테이블과 발 받침대 원위치, 승객의 입국서류 작성상태 확인 등의 임무를 해야 한다.

■ 기내용품

- **헤드폰**: 서빙카트를 이용하여 회수하거나 회수 전용가방에 담아 사용한 것과 사용하지 않은 것을 구분하여 다음편 승무원에게 신송한다.
- **독서물**: 기내에서 대여하는 독서물은 회수시점에 맞춰 승객에게 양해를 구한 뒤 회수하고 독서물 전용 Carrier Box에 넣어 도서수량과 도서목록이 맞는지 최종적으로 점검한다.
- **잡지**: 기내 잡지는 헤드폰 회수 시에 함께 회수하고 잡지가방에 넣어 Sealing 하여 보관한다.
- **화장실용품**: 화장실에 비치된 스킨과 로션 등의 화장품을 회수하고 뚜껑을

닫아 기내에 비치된 비닐가방에 넣어 회수한다.

- 유아용 요람: 유아용 요람은 착륙 전 아기 부모에게 미리 고지하여 요람을 회수하고 탈착한 유아용 요람은 보관위치에 원위치시킨다.
- 기내담요: 기내담요는 승객이 모두 하기한 후에 회수하며 청소요원이 파악하기 쉽도록 의자 위에 올려놓는다.
- 맡은 짐: 기내용품을 회수하는 시점에 맞추어 승객으로부터 보관을 의뢰받은 물품도 반환하는 것을 권장한다.
- 기내돋보기: 기내에서 승객에게 제공하는 돋보기는 인천공항에서만 탑재되므로 분실되지 않도록 철저히 관리해야 하며 승객에게 빌려준 뒤에는 좌석번호를 받아서 착륙 전에 회수한다.

(3) 기내서비스 용품 및 면세품 재고 확인하기

인천공항에서 출발하여 목적시 공항에 착륙하기 전 승무원은 다음 팀의 근무 편의를 위해 객실 내 주류, 음료, 생수, 컵, Dry Item, 서비스 기물 등 다음 구간에 필요한 모든 품목의 재고를 파악하여 충분하고 부족한 물품을 구분하여 다음 팀원에게 신송해야 한다. 또한 신송받은 승무원은 지상직원에게 부족한 물품을 탑재할 수 있도록 안내해야 한다.

(4) 면세품 재고 확인하기

기내 면세품은 기장의 도착 안내방송이 나오면 바로 종료한다. 기내방송 담당 승무원은 기내판매 종료 안내방송을 실시한다. 이때 승무원은 담당구역을 순회하며 기내판매가 종료되었음을 승객에게 안내한다.

기내 면세품 담당승무원은 판매된 물건의 합계와 잔량, 판매금액을 맞추어 이상이 없으면 재고를 파악한다. 기내판매용 포스를 사용하여 면세품 재고와 판매금액의 합계가 일치하는지 확인하면 된다. 이러한 정산절차를 거쳐 판매한 물건과 판매대금이 일치하면 다행이지만 그렇지 않을 경우에 기내판매 담당승무원은 객실사무장의 허가를 득하고 손실을 부담하는 손실금액처리, 즉 쇼트(Shortage)처리를 하게 된다. 따라서 정확하고 꼼꼼하게 면세품 판매에 임하여 손실이 나지 않도록 주의해야 한다.

(5) 목적지 도착 안내방송하기

비행기가 목적지에 도착하면 기내방송 담당승무원은 해당 비행과 관련된 정보를 승객에게 효과적으로 전달하는 것이 기내방송의 목적이므로, 목적지 도착 전 기장으로부터 도착시간, 날씨, 게이트 번호 등의 정보를 받아 승객에게 정확한 안내방송을 실시한다.

■ 대한항공 기장도착 안내방송(도착 40분 전)

손님 여러분, 저는 기장입니다.
손님 여러분께 도착지 정보를 말씀드리겠습니다.
우리 비행기는 앞으로 약 40분 후에 ________공항에 착륙할 예정입니다.
현재 공항의 날씨는 맑고 기온은 섭씨 21도입니다.
지금 이곳의 시각은 ㅇㅇ월 ㅇㅇ일 ㅇ요일 오후 ㅇㅇ시입니다.
감사합니다.

■ 대한항공 도착 안내방송(도착 20분 전)

손님 여러분 우리 비행기는 약 20분 후에 ________공항에 도착하겠습니다.
꺼내놓은 짐들은 좌석 아래나 선반 속에 다시 보관해 주십시오.

5. 착륙 후 서비스

착륙 후 서비스는 착륙 후부터 승객이 비행기에서 내릴 때까지의 전반적인 업무를 말하며 도착 안내방송, 승객하기 지원, 특수고객 지원 등이 있다.

분류번호	1203010506_13v1
능력단위명칭	착륙 후 서비스
능력단위 정의	착륙 후 서비스란 착륙 후부터 승객하기 전까지 도착 안내방송, 승객하기 지원, 특수고객지원을 수행하는 능력이다.

능력단위요소	학습내용
도착 안내방송하기	– 객실서비스 규정에 따라, 착륙 후 도착 안내방송을 실시할 수 있다. – 객실서비스 규정에 따라, 여권과 입국서류 소지 안내방송을 실시할 수 있다. – 객실서비스 규정에 따라, 해당 공항에 따른 상황별 안내방송을 할 수 있다.
승객하기 지원하기	– 도착지 공항 규정에 따라, 검역 또는 세관의 허가가 필요한지 확인할 수 있다. – 객실서비스 규정에 따라, 승객하기 시 감사하는 마음으로 하기 인사를 실시할 수 있다. – 객실서비스 규정에 의해, 승객의 짐 운반 등에을 적극적으로 도움을 줄 수 있다.
특수고객 지원하기	– 객실서비스 규정에 따라, 지상직원에게 여객 및 화물 운송 관련 서류를 인계하고 중요 승객이나 특별 승객에 대한 정보를 구두로 먼저 알려줄 수 있다. – 객실서비스 규정에 따라, 응급환자, VIP, F/C, C/C, Y/C, UM, Stretcher 승객 순으로 신속히 하기가 이루어질 수 있도록 안내할 수 있다. – 객실서비스 규정에 따라, 특수고객을 위해 적극적으로 게이트까지 지원할 수 있다.

(1) 도착 안내방송하기

도착 안내방송은 항공기가 안전하게 목적지에 착륙한 후 실시하며, 기내방송 담당자는 탑승객에 대한 감사인사와 환송의 마음을 담아 정성스럽게 방송한다. 목적지 공항의 명칭, 도착날짜와 시각, 현지 기온 등을 포함한다.

■ 대한항공 farewell 안내방송

손님 여러분 우리 비행기는 ______________에 도착했습니다.

도시별 문안인사

○○○○에 오신 것을 환영합니다.

지금 이곳은 ____월 ____일 오전(오후) ____시 ____분이며,

기온은 섭씨 ____도입니다.

선택1 오늘도 여러분의 소중한 여행을 스카이팀 회원사인 대한항공과 함께해

주셔서 대단히 감사합니다. 저희 승무원들은 앞으로도 한 분 한 분 특별히 모시는 마음으로 고객 여러분과 늘 함께할 것을 약속드립니다.

선택2 스카이팀 회원사인 저희 대한항공은 고객 여러분의 사랑에 감사드리며, 앞으로도 계속 노력하는 모습으로 늘 여러분과 함께하겠습니다.

선택3 오늘도 스카이팀 회원사인 저희 대한항공을 이용해 주셔서 대단히 감사합니다. 저희 승무원들을 비롯한 모든 직원들은 앞으로도 손님 여러분의 여행이 항상 안전하고 편안할 수 있도록 최선을 다하겠습니다.

선택4 스카이팀 회원사인 저희 대한항공과 늘 함께해 주시는 손님 여러분께 깊은 감사를 드립니다. 저희 승무원들은 여러분의 변함없는 사랑에 보답하는 마음으로 한결같이 정성을 다하겠습니다.

감사합니다. 안녕히 가십시오.

(2) 승객하기 지원하기

승객의 하기는 승객이 목적지에 도착하여 항공기에서 내리는 행위이며 승무원은 탑승구 주변 및 담당구역에서 하기 인사를 한다. 또한 승무원은 승객의 하기순서가 지켜질 수 있도록 조정하고 클래스와 특성을 파악하여 필요한 승객에게 적절한 도움을 줄 수 있어야 한다. 특히, 노약자, UM, 유아동반승객, 임산부, 한가족 서비스 승객 등은 적극적으로 도와줘야 한다.

■ 승객의 하기 순서

응급환자 ▶ VIP(very important person)/CIP(company important person) ▶ FR/CL(일등석 승객) ▶ PR/CL(비즈니스 승객) ▶ UM(성인 비동반 유아승객) ▶ EY/CL(일반석 승객) ▶ 제한승객 ▶ Stretcher(스트레처) 승객

(3) 특수고객 지원하기

특수고객이란 일반 승객과 달리 정신적, 육체적 상태가 항공기 탑승, 하기 시

그리고 기내에서 승무원의 도움이 필요한 상태의 승객을 말하며 넓은 의미에서 전염병 환자, 정신질환자, 심장질환자, 생명위험 환자, 임산부, 장애인, 스트레처 환자, 휠체어 환자, 비동반소아, 유아동반승객, 추방자, 기내업무 방해행위 승객, 호송죄수, VIP/CIP 등의 승객까지 포괄적인 범위로 정할 수 있다.

■ 특수고객

- **호송죄수 승객**: 일반적으로 객실 뒤편에 좌석배정을 하며 범법자인 경우 호송책임자가 경호를 하게 되어 있다. 호송죄수에게는 기내에서 주류 및 알코올성 음료를 제공하지 않으며 철제포크, 나이프를 제공하지 않는다. 도착지 공항에서 모든 승객이 완전히 하기한 후에 마지막으로 하기한다.
- **추방자**: 항공기 출발국가에서 불법체류자, 범법자, 그 외 해당 국가의 법률을 위반하여 강제로 출국조치를 당한 승객을 말하며 항공기가 출발할 때까지 출국사무소 직원이나 경찰이 항공기 입구를 감시하며 해당 승객의 여권 및 여행서류는 출발편 객실사무장이 비행 중 안전하게 보고하여 도착지 공항의 직원에게 신병과 함께 인계한다.
- **기내업무 방해 행위 승객**: 기내에서 비행 중 흡연, 성추행/성희롱, 폭행, 폭언, 난동 등 승무원의 업무를 방해하는 행동을 한 승객은 도착 전 조종실을 통해 도착공항 경찰대에 신병 인수를 요청하게 되며 항공기가 게이트에 도착하여 항공기 도어를 열면 지상직원과 대기하고 있는 현지 공항경찰에게 인계하면 된다. 이때 승객 개인의 프라이버시를 침해하지 않도록 기내방송을 통해 해당 승객의 이름을 부르지 않는다.

6. 승객하기 후 관리

승객하기 후 관리는 여행승객 하기 후 관리를 위해 수행하는 업무로 승객의 유실물 점검과 내리지 않은 승객, 기내설비 및 인수/인계를 수행하는 업무를 말한다.

분류번호	1203010507_13v1
능력단위명칭	승객하기 후 관리
능력단위 정의	승객하기 후 관리란 유실물 점검, 잔류 승객 점검, 기내설비 점검, 기내용품 인계·인수를 수행하는 능력이다.

능력단위요소	학습내용
유실물 점검하기	– 객실서비스 규정에 따라 승객하기 후 유실물 점검을 최우선으로 하며, 상위 클래스일 경우 지상조업 개시 전에 철저히 점검을 실시할 수 있다. – 객실서비스 규정에 따라 객실 수화물 선반(Overhead Bin)을 열어 육안으로 확인할 수 있다. – 객실서비스 규정에 의해 코트 룸 및 승객 좌석 하단, 창 측, 승객 좌석 주머니(Seat Pocket) 등을 육안으로 점검할 수 있다. – 객실서비스 규정에 의해 유실물 발견 시 상급자에게 보고하고 승무원은 최대한 빨리 승객에게 인계할 수 있다.
잔류승객 점검하기	– 객실서비스 규정에 따라 밀폐 공간(화장실 및 벙커(Bunker)) 내 잔류 승객 여부를 점검할 수 있다. – 객실서비스 규정에 따라 각각의 승무원은 담당 존별로 결과를 구두로 보고할 수 있다. – 객실서비스 규정에 따라 잔류승객을 조치할 수 있다.
기내설비 점검하기	– 객실서비스 규정에 따라 객실 내 장착되어 있는 모든 서비스 설비나 장비를 점검할 수 있다. – 객실서비스 규정에 따라 객실 설비나 장비를 점검 후 이상 유무를 보고할 수 있다. – 객실서비스 규정에 따라 객실 설비나 장비에 이상이 있을 경우 정비사에게 구두 전달하고 객실설비장비수리 요청서에 기록할 수 있다.
기내용품 인수·인계하기	– 객실서비스 규정에 따라 기내에 탑재된 서비스 용품 및 면세품을 컴파트먼트(Compartment)에 넣고 봉인(Sealing)할 수 있다. – 객실서비스 규정에 따라 조리실(Galley) 담당자가 봉인(Sealing)한 후 인수인계서를 상호 점검할 수 있다 – 객실서비스 규정에 따라 지상 종업원과 봉인 확인 및 점검(seal to seal) 방법으로 인계·인수할 수 있다.

(1) 유실물 점검하기

비행기에서 승객의 하기가 완료되면 객실 내 유실물 점검을 실시해야 하며 승객 좌석 하단과 앞주머니, 선반 등을 확인하고 승객의 유실물을 발견하면 즉시 승객에게 전달할 수 있도록 한다. 또한 늦게 발견한 유실물의 경우 공항 내 유실물

센터에 유실물을 신고하면 되는데, 항공기 편명, 날짜, 접수자 이름, 유실물 발견한 장소 등을 기재하도록 한다. 승객이 항공기에서 모두 내리면 객실 뒤편에서부터 앞쪽으로 나오면서 모든 수하물 선반(Overhead Bin)을 열어야 하며 좌석 위로 올라가서 수하물 선반 안쪽의 유실물을 확인한다.

(2) 잔류승객 점검하기

승객하기 후 승무원은 담당구역별로 잔류승객이 남아 있는지를 파악해야 한다. 잔류승객이 있을 장소는 객실좌석, 화장실, 갤리(Galley), 승무원 벙커(Bunker)이며 과다한 음주로 인해 자는 승객, 응급환자, 화장실 사용승객 등이다. 기내점검 시 잔류승객을 발견하면 즉시 사무장에게 보고하여 지상직원에게 연락하여 신속하게 하기할 수 있도록 하고 거부 시에는 지상직원 및 공항경찰대의 도움을 요청할 수 있다.

(3) 기내설비 점검하기

승무원은 승객하기 완료 후 비행 중 기내설비의 고장 부분과 객실설비를 객실안전 규정에 의거해 정해진 점검방법으로 점검하여 설비 이상 발견 시 사무장에게 보고 및 전달하여 수리할 수 있도록 조치해야 한다. 승무원이 승객의 식음료를 준비하는 공간인 Galley 내 냉장고, 오븐, 커피메이커, 워터보일러, 전자레인지, 배수구, 쓰레기압축기(Trash Compactor) 등의 설비를 점검하고 확인한다. 또한 화장실 상태 점검 및 사용용품 보충, 승객의 좌석 등받이와 테이블, 발 받침대 상태 PSU(Passenger Service Unit), 객실조명, 인터폰 상태, 개인용 모니터 상태 등을 확인하고 설비에 이상이 있을 경우에는 객실정비사에게 설비 이상을 고지하여 바로 수리하도록 조치한다.

(4) 기내용품 인수 · 인계하기

항공기가 목적지에 도착한 후 승객이 하기하고 기내설비 점검이 완료되면 승무원은 서비스 규정에 따라 기내에 탑재된 주류 및 서비스 용품, 기내면세품을 Compartment에 넣어 봉인(Sealing)하고 지상직원과 상호점검을 하는 방식으로 최종적으로 인계하고 필요시에는 인수인계서를 작성한다. 또한 승무 종료 후 브리핑(De-Briefing)을 통해 서비스 시 발생한 제반 문제점에 대해 승무원 간 상호 의견을 교환하고 특이사항, 업무수행상 개선이 필요하다고 판단되는 것은 보고서를 작성한다.

7. 응급환자 대처법

응급환자 대처란 응급환자 발생상황 파악/보고, 응급환자 초기 대응, 응급환자 후속관리, 환자 대처상황 기록을 수행하는 능력이다.

분류번호	1203010508_13v1
능력단위명칭	응급환자 대처
능력단위 정의	응급환자 대처란 응급환자 발생상황 파악 · 보고, 응급환자 초기 대응, 응급환자 후속관리, 환자 대처상황 기록을 수행하는 능력이다.

능력단위요소	학습내용
응급환자 발생상황 파악 · 보고하기	- 객실서비스 및 객실 안전 규정에 따라 기내 환자 발생 여부를 파악할 수 있다. - 객실서비스 및 객실 안전 규정에 따라 환자에 대한 정보를 신속하게 상급자에게 보고할 수 있다. - 객실서비스 및 객실 안전 규정에 따라 환자에 대한 정보를 공유하도록 할 수 있다.
응급환자 초기 대응하기	- 객실서비스 및 객실 안전 규정에 따라 응급 처치할 수 있다. - 객실서비스 및 객실 안전 규정에 따라 환자의 응급상태를 확인하고, 탑승 의사와 의료진을 신속하게 찾을 수 있다. - 객실서비스 및 객실 안전 규정에 따라 응급치료 장비를 탑승 의사의 협조를 구해 활용할 수 있도록 조치할 수 있다.
응급환자 후속 관리하기	- 응급환자 대응매뉴얼에 따라 응급환자 상태가 악화되지 않도록 관리할 수 있다. - 응급환자 발생에 따라 일반 탑승자의 쾌적한 여행이 방해되지 않도록 조치할 수 있다. - 착륙 후 응급환자 대응매뉴얼에 따라 공항과의 협조체제가 순조롭게 진행될 수 있게 조치할 수 있다.

환자 대처 상황 기록하기	– 객실서비스 및 객실 안전 규정에 따라 응급환자 발생 시 조치내용과 상태를 기록할 수 있다. – 객실서비스 및 객실 안전 규정에 따라 응급환자 관련 후속 조치내용을 기록할 수 있다. – 객실서비스 및 객실 안전 규정에 따라 응급환자의 공항 인계인수 내용을 기록할 수 있다. – 객실서비스 및 객실 안전 규정에 따라 비행 종료 후 환자 조치 내역을 기록하여 회사에 보고하고 향후 환자관리에 참고가 되도록 할 수 있다.

(1) 응급환자 발생상황 파악 · 보고하기

응급처치란 위급한 상황에 놓인 환자에게 생명위중상태를 넘기기 위하여 의료상의 조치를 취하는 것을 말하며 응급한 상황에 처한 환자의 생명보존, 현상유지, 부작용 억제, 바른 회복을 유도하기 위한 일련의 조치를 의미한다.

비교적 위험한 경우는 수분 내지 수시간 안에 생명의 위협을 받을 수 있기 때문에 질병의 부위, 양상, 종류, 원인 등을 규명하는 등의 전통적인 치료와는 다르며, 현재 환자에게 발생하는 상당히 중요한 변화에 대하며 어떤 치료를 우선적으로 시행할 것인가를 결정하고 이를 시행하는 행위이다.

따라서 비행 중 객실에서 이러한 상황이 벌어졌을 때 객실승무원은 수분 안에 승객의 생명이 위태롭게 될 가능성이 있으므로 기내환경을 감안하여 즉시 이러한 상황이 호전되도록 처치해야 한다.

■ 응급환자 보고(Report)하기

제일 먼저 환자를 발견한 승무원은 항공사별로 규정된 비상신호 또는 구두로 주변 승무원의 도움을 요청하고 생명위협 상황인 경우 기장에게 먼저 통보하여 지상으로부터 의학적인 도움을 청한다. 객실사무장은 즉시 의사호출방송을 실시하여 기내 의료진 탑승 여부를 확인한다. 의료진의 법적 범위는 의사, 한의사, 치과의사, 간호사, 조산사이다.

기내사망을 포함하여 응급환자 발생 시 다음의 사항을 파악하여 기장/객실사무장/지상연락처에 보고하여야 한다.

① 응급승객의 성명, 나이, 성별, 주소, 연락처 등 인적 사항

② 승객의 증상

③ 승객에게 의료행위를 한 기내 의료진의 인적 사항

④ 응급상황 발생장소, 시간, 비행구간, 당시 운항 및 객실상황

⑤ 응급상황 전반에 관한 구체적인 진술

⑥ 취식한 음식

⑦ 시간대별 조치사항 및 기내 의료장비 사용 여부

(2) 응급환자 초기대응하기

비행 중 기내에서 응급환자가 발생하였을 경우 승무원이 우선적으로 취해야 할 단계별 행동원칙을 취해야 한다. 환자의 의식을 확인하고 필요하다고 생각되는 경우 환자 승객을 항공기 바닥에 눕게 할 수 있으며 환자의 활력징후와 반응이 전혀 없는 경우 지체없이 CPR을 실시하고 다른 승무원은 심폐소생술에 필요한 호흡기 및 심장제세동기(AED)를 준비한다.

최초 응급환자를 발견한 승무원이 응급환자의 상태를 파악하는 동안 도움요청을 접수한 승무원은 응급처치에 필요한 장비인 EMK, AED, FAK, Resuscitator Bag, Oxygen Bottles Mask, Blood Pressure Gauge 등을 준비한다.

■ 상황판단

승객안정 ▶ 도움 필요 여부 확인 ▶ 상황파악 및 환자에 대한 의학정보 습득 ▶ 의사소견서 확인

■ Communication

도움요청 ▶ 기장에게 통보 ▶ 사무장에 의한 닥터 페이징(Doctor Paging) 실시 ▶ 지상 의료진과의 면밀한 의사소통

■ ABC Servey

질병의 위급성 여부를 판단하기 위해 실시하는 응급처치 기초단계로서 기도호흡, 심장운동을 확인하는 절차를 말한다.

- A(Airway): 기도는 유지되고 있는가?
- B(Breathing): 호흡은 하고 있는가?
- C(Circulation): 심장은 뛰고 있는가?

■ Secondary Survey

발병 당시 환자의 상태가 위중하지는 않지만 방치하면 위급한 상황으로 진행될 수 있는 질병을 미연에 방지하는 절차를 의미한다.

■ EMCS(Emergency Medical Call System)

비행 중인 항공기에서 응급환자 발생 시 지상과 연락할 수 있어 연계진료가 가능하도록 만든 시스템이다.

- EMCS에 연락해야 하는 경우
  - 비행 중 기내 응급환자 발생 시 의료진이 탑승해 있지 않아 의사 진료가 불가능하거나 불충분할 때, 또한 의료진이 탑승해 있더라도 전문적인 의학적 자문을 구하면서 진료가 필요한 경우
  - 의료인이 탑승했더라도 전문의사가 아닌 의료인(치과의사, 한의사, 간호사, 조산사)이 EMK 안의 전문도구나 의약품을 사용하게 되는 경우
- 의료진이 탑승했더라도 EMCS에 연락이 필요한 경우
  - 응급환자로 인한 비정상 상황(Divert, Return, 기내사망)이 예상되거나 발생된 경우
  - 기내의료인의 도움에도 불구하고 중증증상(흉통, 호흡곤란, 의식저하, 과다출혈, 극심한 통증 등)이 호전되지 않는 경우
  - 기타 추가적으로 의학적 자문이 필요한 경우

– 기내 의료진의 전공분야가 응급환자 증상과 상이하여 EMCS 의사의 협진을 요청하는 경우

(3) 응급환자 후속 관리하기

Secondary Survey란 발병 당시 응급환자의 상태가 위급하지는 않으나 적절한 의학적 조치 없이 방치될 경우 심각한 상황으로 진행될 수 있는 질병이나 부상에 있어서 그 악화 가능성을 미연에 방지하기 위한 절차이다.

■ 응급환자 후속관리 절차

① 응급환자와 주변 승객들과 면담한다.
② 응급환자의 활력징후 및 피부색 변화를 주의 깊게 관찰한다.
③ 응급환자의 상처, 질병, 건강상태를 계속해서 확인한다.
④ 응급처치 내용을 순서대로 기록한다.

■ 활력징후

활력징후는 우리의 몸이 기본적으로 잘 기능하고 있는지를 다양한 생리적 수치로 표현해 놓은 것으로 활력징후의 수치가 정상적인 범위 안에 있다면 잘 기능하고 있다는 것이고, 벗어나 있다면 몸에서 이상이 있다고 보내는 신호일 확률이 높다.

활력징후는 크게 기본적인 4가지와 부수적인 2가지로 구분한다.

우리가 흔히 알고 있는 체온, 혈압, 맥박, 호흡수 이 네 가지가 기본적인 것이고 환자의 상황에 맞추어 통증 정도, 보행속도, 피부상태 등을 추가적으로 조사할 수 있다.

활력사항(Vital Sign)	비정상 상황
맥박 – 정상: 60~100회/분	정상보다 빠르거나 느리고 약하거나 불규칙하다.
호흡 – 정상: 12~20회/분	정상보다 빠르거나 느리고 얕거나 거칠고 힘들게 숨을 쉰다.
체온 – 정상: 36.5~37.2도	정상보다 높거나 낮다.

혈압 – 정상: 90~140/60~90mmHg	정상보다 높거나 낮다.

- 맥박(P: Pulse): 성인 기준 50~100/분
  - 맥박은 심장이 박동함으로써 혈액이 대동맥 속으로 급히 유입되는데 그 현상이 동맥에 나타나는 것이다.
  - 주로 손목이나 발목에서 측정되면 분단위로 측정하게 된다.
  - 손목의 요골동맥(radial artery)에서 주로 측정하나 손목에서 측정하기 힘들 경우 팔꿈치의 상완동맥(brachial artery), 목의 목동맥(carotid artery), 오금족의 슬와동맥(popliteal artery), 발의 발등동맥(dorsalis pedis)에서 측정하도록 한다.
  - 아무것도 하지 않은 채 10분 정도 안정을 취한 뒤에 측정해야 비교적 정확하게 측정할 수 있다.
  - 맥박은 청진기를 이용하여 바로 심박수를 측정할 수도 있다.
  - 연령에 따라 호흡수는 다르게 나타난다. 나이가 어릴수록 맥박수가 빠르며 성인이 되면서 줄어들게 된다.
- 호흡(RR: Respiratory Rate): 성인 기준 12~20회/분
  - 우리는 숨을 쉴 때 산소를 들이마시고 체내의 이산화탄소를 배출하게 된다. 이러한 과정을 1분 동안 몇 번 하는지 측정하는 것이 호흡수이다.
  - 호흡수는 나이에 따라 다르게 나타난다. 나이가 어릴 때는 폐가 아직 성숙하지 않기 때문에 가쁜 호흡을 하게 된다(호흡수가 많다). 참고로 신생아의 경우 40–70회/분을 하며, 6~12세의 경우 14~22회/분 정도로 줄어들게 된다.
  - 호흡수를 측정하는 가장 좋은 방법은 환자의 가슴을 보고 몇 번이나 가슴이 들어올려졌다가 내려오는가를 확인하는 것이다.
- 혈압(BP: Blood Pressure): 성인 기준 80~120mmHg
  - 혈액이 혈관 속을 흐를 때 혈관벽에 미치는 압력을 혈압이라고 한다. 혈압

은 혈관에 따라 동맥혈압, 모세관혈압, 정맥혈압 등으로 구분되는데 일반적으로 혈압이라고 하면 동맥혈압을 의미한다.

- 수축기 혈압: 심실이 수축하여 혈액이 동맥 속으로 밀려나갔을 때의 혈압을 말하며 120mmHg 정상
- 확장기 혈압: 심실이 확장하여 혈액이 밀려나가지 않을 때 동맥벽이 받는 혈압을 말하며 80mmHg 정상
- 나이가 들면 동맥벽의 탄력이 줄어들어 대개 혈압이 오르게 된다.
- 대개는 왼쪽 팔에서 측정하게 된다.
- 혈압은 개인차가 있기 때문에 정확한 수치로 정상과 비정상으로 나누기 애매한 부분이 있으나 통상 수축기 혈압이 140~160mmHg가 넘으면 고혈압으로 여긴다.

• 체온(BT: Body Temperature): 성인 기준 35.9~37.8도

- 생물의 신체 내부의 온도이다.
- 열을 측정하는 주된 이유는 몸 어느 곳에서 감염이나 염증반응의 유무를 보려는 것이다. 체온이 38.5도 이상이거나 지속적으로 38도 이상일 때 혹은 정상 체온에 비해 확연히 높은 체온이 나타날 때이다.
- 체온은 구강, 직장, 귀 등에서 측정할 수 있다.
- 체온은 대개 신체가 열을 발생하는 것과 잃어버리는 것이 균형을 이루고 있다.

■ 실신

실신은 갑작스런 뇌혈류 감소로 인하여 일시적으로 의식을 잃고 자세를 유지하지 못해 쓰러지는 증상이다. 실신까지는 아니지만 갑자기 근육의 힘이 빠지면서 어지럽고 곧 졸도할 것 같은 느낌만 나타나는 것을 실신전이라고 한다. 비행 중 식사하고 나서 화장실을 사용하기 위해 좌석에서 일어나 걸을 때 실신하는 승객이 많으며 남성승객보다는 40~60대 여성승객이 주를 이루고 특히 해외여행 후 귀국

시에 많이 발생한다.

- 비행 중 증상
  - 느리고 약한 맥박
  - 창백, 무기력, 현기증, 식은땀 흘림
  - 의식소실
- 기내 응급처치
  - 머리를 낮추고 다리를 올린다.
  - 조인 옷을 느슨하게 풀어준다.
  - 호흡, 맥박, 반응상태를 확인한다.
  - 냉찜질을 실시한다.
  - 필요 시 휴대용 산소를 공급한다.
- 필요한 응급장치
  - 얼음주머니, 암모니아흡입제, 전자체온계, 청진기, 혈당측정기

■ 쇼크

쇼크는 급성질환이나 상해의 결과로서 순환계가 우리 몸의 주요 기관에 충분한 혈액을 공급할 수 없어서 진행성 말초혈액 순환 부족으로 조직의 산소 부족이 발생해 탄산가스나 유산 등의 대사산물의 축적을 일으킨 상태이다. 쇼크의 종류는 심장성 쇼크, 출혈성 쇼크, 신경성 쇼크, 저체액성 쇼크, 호흡성 쇼크, 패혈성 쇼크, 과민성 쇼크 등이 있으며 항공기 순항 중 상기 병력을 가지고 있는 승객에게 발생하는 위험한 증상이다.

- 비행 중 증상
  - 맥박이 빠르고 약함
  - 호흡이 빠르고 얕음
  - 피부가 창백하고 끈적거리며 동공이 확대되고 초점이 없음
  - 행동이 혼란스럽고 의식이 저하됨

• 기내 응급처치

– 승객을 눕혀 혈액순환이 잘 되게 한다.

– 승객의 상태에 따라 몸을 담요로 덮어주어 체온을 유지해 준다. 단, 고열로 인해 쇼크가 발생했을 경우에는 정상체온을 유지해 준다.

• 필요한 응급장치

– 전자체온계, 청진기, 혈압계, Flashlight

■ 심장마비/협심증

심장은 크게 3개의 심장혈관에 의해 산소와 영양분을 받고 활동한다. 동맥경화증, 혈전증, 혈관의 수축 및 연축 등의 원인에 의해 3개의 관상동맥 중 어느 한 곳에서라도 급성이나 만성으로 협착이 일어나는 경우, 심장의 전체 또는 일부분에 혈류 공급이 감소하면서 산소 및 영양 공급이 급격하게 줄어들어 심장근육이 이차적으로 허혈상태에 빠지게 된다. 이러한 상태를 협심증이라 하며 비행 중 중년 남성승객에게서 발생하는 빈도가 높고 항공기 회항의 원인제공 중 가장 많이 발생한다.

• 비행 중 증상

– 가슴의 통증을 호소하며 체한 느낌을 호소한다.

– 팔, 목, 손과 등 부위에 통증이 나타난다.

– 식은땀을 흘린다.

– 호흡이 곤란하고 기침이 나온다.

• 기내 응급처치

– 승객이 소지한 약이 있을 경우 복용을 권하고 죄는 옷은 느슨하게 풀어준다.

– 필요 시 산소를 공급해 주고 승객을 진정시키고 과거의 병력을 물어보고 활력징후를 확인한다.

– 가급적 의료진의 도움을 받게 해주고 니트로글리세린(Nitroglycerin)을 혀 밑에 놓고 녹여서 복용토록 한다.

• 필요한 응급장치

– 인공호흡용마스크, 전자체온계, 청진기, 혈압계, PO2, Nitroglycerin

■ 화상

불이나 뜨거운 물, 화학물질 등에 의해 피부 및 조직이 손상된 것을 화상이라고 하며, 일반적으로 증상에 따라 1도에서 3도로 구분한다. 정도를 파악할 때는 화상을 입은 넓이와 깊이에 따라 중증도를 결정하며 항공기 내 화상은 대부분 기내에서 제공되는 뜨거운 물(물, 수프, 라면, 국)과 기내식을 가열하는 오븐에 의해 입는 화상을 지칭한다.

• 비행 중 증상

– 1도 화상: 화상부위가 붉어진다, 화상부위가 부어오르며 상당한 통증을 느낀다.

– 2도 화상: 상기 증상 이외에 화상부위에 물집이 생긴다.

– 3도 화상: 화상부위가 하얗게 되거나 검게 보인다. 피부내부 조직이나 뼈가 드러나 보이며, 환자가 쇼크상태로 간다.

• 기내 응급처치

– 화기가 사라질 때까지 충분하게 부위를 냉수에 담그거나 냉찜질한다.

– 식염수를 이용하여 상처부위를 소독한다.

– 화상연고를 바른 후 붕대를 느슨하게 하고 부위를 들어 올린다.

– 쇼크 발생 시에는 상기 언급한 쇼크 응급처치를 시행한다.

• 필요한 응급장치

– 번텍(Burntec): 화상치료용 거즈, 진통제, 붕대, 가위

■ 1차 감염 의심증상이 있는 경우

승객이 고열, 지속적인 기침, 설사, 구토, 호흡곤란, 출혈, 피부발진, AIDS, C형 감염, B형 감염 등의 증상이 있을 경우 다음과 같이 처리한다.

2015년 4~7개월 동안 대한민국에서 메르스 확산과 병원감염으로 한 차례 큰

문제를 겪었다. 항공기도 안전한 장소는 아니나 지상에 비해 비교적 환기 및 살균이 잘 되어 있는 장소이고 항공사 객실승무원들의 철저한 위생교육과 조치 덕분에 항공기에서의 감염은 문제가 되지 않았으나 혹시 모를 미래의 감염병 확산에 더욱 경각심을 가져야 할 것이다.

- 좌석이 여유 있는 경우 고립된 자리로 배정한다.
- 지정 승무원을 배정한다.
- 전용화장실 배정 및 화장실 내 수도꼭지, 손잡이 등은 비누로 철저히 닦아낸다.
- 기내에 비치된 손 세정제를 사용하여 처치한 승무원의 손과 주변을 철저히 닦아낸다.
- 기침 시 마스크 착용 및 이를 수거한다.
- 환자의 혈액, 상처, 짓무른 부위가 입 또는 피부에 닿지 않도록 한다.
- 환자의 적출물 혈액, 체액 등에 노출된 경우 비누로 깨끗이 닦고 필요 시 소독약/알코올로 소독한다.
- 만일 감염성 환자가 사용한 주사바늘에 노출되거나 눈, 구강, 점막, 손상된 피부가 환자의 적출물에 노출된 경우는 신속한 응급처치 후 조치를 받아야 한다.
- 혹시 모를 전염 가능성 때문에 환자승객 앞, 뒤 3열의 승객에게 연락처를 남기도록 해야 한다.
- 한국 도착 후 검역질문서를 작성하여 검역관의 감염성 질병 지휘를 받도록 한다.

■ 긴급 환자 발생

① ON-LINE STATION(당사 지점이 있는 공항)에 비상착륙할 경우

- 사무장은 기장에게 다음 사항을 알려 도착지 공항 지점장에게 연락하도록 한다.
  - 비행 편수 및 일자
  - 해당 승객의 인적 사항(성명, 국적, 생년월일, 성별, 주소 또는 연락처, 의

무적 증상, 탑승 전 사전 통보된 환자였는지 등의 확인)

- 사무장은 환자발생 경위 및 조치사항을 기록해 주어야 하며 의사나 간호사의 진단, 치료 또는 간호를 받았을 경우에는 진단서 또는 소견서를 받아주고 의사나 간호사의 인적 사항을 기록해 둔다.
- 사무장은 도착 전 G/D의 Health란에 환자 발생 내용을 기재한다.
- 착륙 후 조치
  - 환자의 여행이 가능한 경우: Airport Doctor 또는 Carrier Doctor가 작성한 INCAD FORM 1부를 공항 지점장으로부터 인수받아 환자의 최종 목적지 도착 후 해당 공항 지점장에게 환자와 같이 인계한다.
  - 환자의 여행이 불가능할 경우: 환자의 휴대수하물의 하기를 확인하고 해당 공항에서 작성한 G/D, P/M상에 동 환자가 하기한 것으로 기재되어 있는지 확인한다.
- 사무장은 비행 종료 후 동 상황에 대한 Cabin Report를 작성하여 제출하여야 한다.

② OFF-LINE STATION(당사 지점이 없는 공항)에 비상착륙할 경우

- 기장의 지시에 의거 Ground Handling Company Manager의 Airport Authorities의 협조하에 환자 승객을 Handling한다.
- 비행 중 환자 발생 시의 구체적인 상황을 Ground Handling Company 및 Airport Authorities의 관계자에게 설명해 준다.
- 환자의 계속 여행 가능 여부를 Local Doctor와의 협의하에 조속히 판정한다.
- 환자의 여행이 가능한 경우의 조치사항
  - 동승객으로부터 Declaration Indemnity 및 Airport Doctor 또는 Local Doctor로부터 INCAD FORM 2부 접수 후 탑승 조치한다.
  - 관련 부서와 Station에 전문(Message)조치를 한다.

- 환자의 여행이 불가능한 경우의 조치사항
  - 기장의 지시에 의거 사무장 또는 부사무장이 잔류하여 지상조업사의 협조하에 환자승객 및 휴대수하물을 Handling한다.
  - Ground Handling Company의 협조하에 다음 조치를 취한다.
    - 환자승객의 입국 수속
    - 관련 Airport Authorities에 통보 및 협조 요청
    - Ambulance 조치 및 후송
  - 관련 부서와 Station에 전문(Message)조치를 한다.
  - 사무장은 환자 휴대수하물의 하기를 확인하고 해당 공항에서 작성한 G/D, P/M상에 동 환자가 하기한 것으로 기재되어 있는지 확인한다.
- 사무장은 비행 종료 후 동 상황에 대한 Cabin Report를 작성하여 제출하여야 한다.

■ 기내출산

① ON-LINE STATION(당사 지점이 있는 공항)에 비상착륙할 경우

비행 중 기내 출산으로 인해 최인접 공항에 비상착륙할 경우 승무원의 조치사항은 다음과 같다.

- 사무장은 기장에게 다음 사항을 알려 도착지 공항 지점장에게 연락하도록 한다.
  - 비행 편수 및 일자
  - 산모 및 남편의 인적 사항(성명, 국적, 주소), 출산시간, 출산 지점의 항공기의 비행위치(의도 및 경도), 신생아의 성별, 의사의 인적 사항
- 도착 후 상기사항을 서면으로 2부 작성하여 기장 및 기타 승무원 2명의 동시 서명을 받아 1부는 공항 지점장에게 전달하고 1부는 사무장이 보관 후 보고서 작성 시에 첨부한다.
- 사무장은 도착 전 G/D의 Health란에 기내 출산내용을 기재한다.

- 사무장은 비행 종료 후 동 상황에 대한 Cabin Report를 작성하여 제출하여야 한다.

② OFF-LINE STATION(당사 지점이 없는 공항)에 비상착륙할 경우

- 사무장은 기내 출산 시의 구체적인 상황을 서면으로 2부 작성하여 기장 및 기타 승무원 2명의 동시 확인 서명을 받아 1부는 Ground Handling Company에게 전달하고 1부는 사무장이 보관 후 보고서 작성 시 첨부한다.
- 기장의 지시에 따라 사무장 또는 부사무장이 잔류하여 지상조업사와 공항 관계관의 협조하에 산모승객 및 휴대수하물을 Handling한다.
- Ground Handling Company의 협조하에 산모 승객의 후송을 위한 입국 수속(긴급 상륙 허가, 세관검사)을 대행한다.
- 관련 부서와 Station에 전문(Message)조치를 한다.
- 사무장은 산모의 휴대수하물 하기를 확인하고 해당 공항에서 작성한 G/D, P/M상에 동승객이 하기한 것으로 기재되어 있는지 확인한다.
- 사무장은 비행 종료 후 동 상황에 대한 Cabin Report를 작성하여 제출하여야 한다.

■ 기내사망

비행 중 사망자 발생으로 최인접 공항에 비상 착륙할 경우, 승무원의 조치사항은 다음과 같다.

① ON-LINE STATION(당사 지점이 있는 공항)에 비상착륙할 경우

- 비행 중 사망자가 발생하면 사무장은 즉시 기장에게 통보한다.
- 사무장은 승객 사망 시의 사항을 구체적으로 기록하여 착륙 후 공항 지점장에게 전달한다.
  - 사망자의 인적 사항(성명, 생년월일, 성별, 주소, 출발지/목적지)
  - 탑승 전 사전 통보된 환자였는지의 확인
  - 추정 사망원인, 사망시각, 사망 시의 항공기 고도

- 의사 또는 승무원의 조치사항
- 비행 중 사망에 관련된 중요한 기타 환경여건
- 친지/친구 또는 보조 의료원의 동반 여부

▪ 경찰 조사관계로 항공기 출발이 지연될 경우 사무장은 잔류하여 조서 작성에 협조한다.

- 승객의 사망선고는 의사, 치과의사, 한의사만 가능하다.
- 의료진에 의해 사망이 선고되면 해당 의료인과 항공사의 합의에 의해 목적지까지 비행할 수 있으며 사망승객이 발생한 상황에서 다른 나라로 입국 시 가능한 빨리 현지국가의 보건기관에 통보하여야 한다.
- 비행 중 사망자 발생 시 기장에게 선보고한다.
- 좌석벨트로 단단히 묶고 담요로 덮어둔다. 단 사망승객이 좌석에 있지 않았던 상황 이외에는 그 승객을 옮기지 않는다.
- 가능한 한 주변의 승객들을 객실 내 다른 지역으로 옮긴다. 항공기 객실에는 사망한 승객을 모실 마땅한 공간이 없기 때문에 어쩔 수 없이 일반 승객이 거주하는 공간에 함께 있을 수밖에 없다. 하지만 기내 사망승객은 일반 승객과 어느 정도 격리해서 모시고 있다.
- 다른 승객에의 전파를 금지한다.
- 도착 후 현지 의료진에 의해 허락을 받을 때까지 사망승객을 이동시켜서는 안 된다.
- 사망자의 개인유품은 도착지 직원에게 인계하도록 한다.
- 사망 환자에 대한 성별, 나이, 증상, 출발지, 취식한 음식을 기록한다.
- 기내 의료진이 없거나 의료진에 의해 사망선고가 안 되었을 경우 CPR 등 적절한 응급조치를 계속 실시한다.
- 기내에서 갑작스럽게 생명이 위독해지는 경우 승객이 다행히 생존한 상태에서 항공기가 인근 공항으로 긴급회항을 하면 바람직하지만 회항 전 기내에서 사망한 승객이 발생했을 경우 항공기는 목적지로 비행할 수도 있

고 인근 공항으로 회항할 수도 있다. 최종 결정은 객실의 모든 상황을 고려하여 기장이 내려야 한다.

- 항공사에서는 기내 사망이 예상되는 정도의 심각한 질병을 가지고 있는 승객에게는 의사진료확인서를 요구한다. 이는 나중에 사망의 경위를 두고 발생하는 소송을 방지하기 위함이다.

사례연구

▶ 항공사 실제사례(1): 개요

국제선 항공기 안에서 잇따라 발생한 응급환자들이 마침 함께 탑승했던 의사들의 도움으로 급박했던 위기를 넘겼다.
9일 오전 4시 미국 디트로이트 공항을 이륙하여 시카고를 경유해 인천국제공항으로 향하던 델타항공 소속 항공기에서 비행 4시간여 지나 오전 8시에 기장의 다급한 안내방송이 나왔다. 응급환자가 발생했다는 것인데 기장은 "의료진이 있으면 도와달라"며 상황이 좋지 않으면 회항할 수도 있다고 말했다. 환자는 30대 한국인 승객이었으며 전형적인 간질발작 증상을 보이고 있었다. 방송을 듣고 달려온 승객은 ㅇㅇ병원 소화기내과 김ㅇㅇ, 권ㅇㅇ, 최ㅇㅇ 교수였다. 이들은 지난 7일 미국 디트로이트에서 열린 세계소화기내과학회에 참석한 뒤 귀국길에 오른 상태였다. 최 교수 등은 신속한 응급조치를 해 환자의 발작증세를 완화시켰다. 비행기도 회항의 위기를 넘겼다. 안도의 한숨을 내쉰 것도 잠시, 몇 시간 뒤에 또 응급환자가 발생했다. 이번 환자는 중국인 승객으로 심장박동이 약해지며 실신해 앞선 환자보다 더욱 심각했다.
최 교수 등은 다시 응급처치에 나서 심장마사지를 통한 지속적인 심폐소생술로 이 승객의 의식을 회복시켰다. 응급상황은 여기서 끝나지 않고 다시 3번째 환자가 발생했다. 교수들은 몇 시간 후 호흡곤란을 호소하는 50대 한국인 여성 환자의 팔다리를 주물러 혈액순환을 돕는 응급조치로 위기를 넘겼다. 최 교수 등은 귀국길 비행기 안에서 14시간 동안 모두 3명의 응급환자를 구한 것이다. 김 교수는 "국제선 항공기에서 응급환자가 3명이나 발생한 것은 처음이었다."며 "의사로서 당연히 해야 할 일을 했을 뿐"이라고 말했다. 델타항공 측은 응급환자를 구한 3명의 교수에게 안내방송까지 해가며 수차례 고마움을 표시했다.

▶ 승무원이 조치한 일

▶ 종합의견

– 사례별 추출된 교훈을 토대로 종합의견 작성

▶ 항공사 실제사례(2)

로마 공항발 ㅇㅇ항공 기내에서 40대 후반의 한국인 여성 여행객이 사망하는 사고가 발생했다.
그러나 4개월이 다 되도록 사망원인과 경위, 책임소재 등이 명확하지 않아 유가족의 애를 태우고 있다.
유가족 측은 "무면허 현지가이드를 이용한 무허가 관광알선자의 과실과 ㅇㅇ항공의 무책임한 승객 안전관리가 야기한 "살인관광"이라고 주장하고 있다.
이에 대해 ㅇㅇ항공은 "탑승과 기내 응급조치 등 모든 절차가 정상적으로 이루어졌다. 책임 없다"며 침묵하고 있다.
보상이나 사과 등 유가족에 대한 일체의 공식 입장을 밝히지 않고 있다.
유가족과 ㅇㅇ항공 고객지원팀(담당자 함ㅇㅇ) 간 이메일을 통해 4차례 주고받은 서면 질의와 답변(회신)을 통해 사고 개요, 탑승절차 및 기내 응급조치의 적절성 등 핵심 문제를 재구성해 짚어봤다.

▶ 사건 개요

허씨의 사망 경위를 파악하는 데 가장 중요한 부분이다. 사고 당일 오후 5시 30분쯤 단체여행객의 일행인 이ㅇㅇ씨가 허씨의 여권 및 티켓을 소지하고 탑승수속을 했다.
담당 조업사 직원(디노앤티노리)에게 몸 상태가 좋지 않다고 보고했다.
26일 새벽부터 속이 좋지 않아 배 마사지와 수지침을 병행했고, 병원 엑스레이 결과 배변에 문제가 있어 링거 투여와 여행사에서 준비한 죽으로 식사를 대신했다고 설명했다(직원은 이 내용을 로마공항 소장에게 보고했다고 한다).
그러자 ㅇㅇ항공 여직원(오ㅇㅇ)이 의사진단서 확인을 요구했다.
허씨와 이ㅇㅇ씨가 병원 진단서를 갖고 있지 않다고 하자 여직원은 그러면 탑승이 어렵다고 추후 탑승을 권유했다.
다급해진 이ㅇㅇ씨는 출국 직전 가이드(최ㅇㅇ)의 휴대폰을 이용해 서울에 있는 허씨의 언니(소아과 의사)와 통화했다. 환자의 상태를 말씀드리고 탑승여부를 물어보기 위해서였다.
허씨의 언니는 "비행기를 탈 수 없는 상태다. 비행기를 태우지 마라. 로마병원에 입원시키면 허씨의 남편이 가기로 했다"고 허씨와 이ㅇㅇ씨, 가이드에게 단단히 일렀다.
그러나 허씨와 가이드 등은 혼자 외국에 남아 있기가 두렵고, 한국에 도착한 후 병원을 가는 편이 낫겠다고 주장했다는 것. 특히 가이드는 허씨 언니와의 전화 통화에서 "내가 무슨 백이 있느냐. 짐을 정말 빼요"라며 귀찮은 듯 퉁명스럽게 전화를 받았다고 한다.
이에 탑승 전 ㅇㅇ항공 측이 환자에게 각서(Indemnity letter : 서약서)를 요청했고 환자는 각서에 서명했다. 대한항공 측은 규정에 따라 각서를 받은 것이라고 했다.
여기서 중요 포인트는 허씨의 몸 상태와 서울 언니와 통화한 내용을 가이드가 대한항공 직원에게 정확히 전달했는지 여부와 의학적인 전문지식이 없는 ㅇㅇ항공 직원이 이를 윗선에 정확히 보고하고 소속 의료진과 통화하는 등 적극적이고 적절한 조치를 취했느냐의 부분인데 가이드의 전달여부는 정확히 확인되지 않고 있다.
허씨의 유가족은 "이 정도의 환자상태라면 위에 보고하고 또 ㅇㅇ항공 소속 한국의사에게 알려 최종 허락을 받아야 하는 것이 아니야"며 "서울의 의사선생님은 그런 보고를 받은 바 없다고 한다"며 ㅇㅇ

항공의 무책임함을 따졌다.
유가족 측은 또 "외국항공사였으면 이리 쉽게 진료기록부 한번 보지 않고, 체하고 못 먹어 그렇다는 주위 사람들의 말만 듣고 휠체어에 의지할 수밖에 없는 환자를 태웠겠느냐"고 항의했다.
이에 대해 ○○항공 측은 현지 가이드의 휴대폰으로 승객이 통화하는 장면을 보았으나 통화내용에 대해서는 담당직원에게 말하지 않았으며, 통화 종료 후 가이드로부터 한국으로 보내달라"는 내용만 통보받았다. 따라서 '라면을 먹고 체한 후 식사를 제대로 못해 힘이 없다'는 승객의 진술에 따라 한국의 ○○항공 의료센터에 문의할 만한 사항은 아니었다.
또 "병약승객호송규정"상 진단서가 꼭 필요한 경우(수술 후 7주일 경과 이전, 32주가 지난 임산부)를 제외하고는 보호자 또는 일행들이 탑승을 강력하게 주장하는 경우 거절할 방법이 없다"고 해명했다.

▶ 탑승절차에는 문제가 없었나?

고인 허○○(여, 49)씨는 지난해 ○○월 ○○일 8박 9일간 이탈리아 단체여행을 마치고 한국으로 돌아가기 위해 로마공항에 도착했다.
오후 8시 5분(현지시간) ○○항공에 탑승하기 위해서였다.
탑승수속 당시 허씨는 여행 중 기력이 많이 소진한데다가 전날 음식(라면)을 잘못 먹고 체해 몹시 탈진한 상태였다. 병색이 완연했고, 부축 없이는 걷기도 어려웠다.
결국 휠체어를 타고 탑승했다. 이륙 후 1시간 40분 정도 지나면서부터 병세가 악화됐다.
매우 위험한 상태를 보였다. 기내에서 수액과 링거 주사, 심장마사지 등 응급조치를 받았다. 하지만 8시55분(한국시간)쯤 허씨는 깨어나지 못하고 싸늘한 시신으로 변했다.

▶ 기내 응급처치는 적절했나?

○○항공 측에 따르면 항공기에 따로 환자를 위한 좌석이 없어 휠체어와 화장실 이용 등의 편의를 위해 허씨에게 뒤쪽 통로석의 자리를 배정했다.
항공기 이륙 후 1시간 40분 경과 시점부터 환자의 병세가 악화돼 승무원이 일본인 의사와 한국인 간호사를 찾아 수액을 주사하고 한 시간 후 2차 링거를 주사했다.
혈압이 상승해 호전되는 듯했다. 일본인 의사도 회항하지 않아도 되겠다는 소견을 냈다.
그러나 화장실에 한번 다녀온 뒤부터 상태가 급격히 악화됐다.
일본인 의사는 기내 심장마사지 기구를 이용해 20분간 응급조치를 하였지만 한국시간으로 8시 55분쯤 끝내 사망했다.
유가족 측은 "소변이 안 나오는 환자에게 소변을 누게 하라는 말만 하고는 수액을 마구 흘려 넣어 물에 빠뜨려 죽인 꼴"이라며 "왜 일본인 의사의 말만 믿고 회항을 하지 않았는지 모르겠다"며 마음 어딘가에 귀찮음이 있었던 게 아니냐는 의혹을 제기했다.
이에 대해 ○○항공 측은 "항공기 이륙 후 로마공항 또는 다른 공항으로 내리는 것은 쉬운 일이 아니다. 항공기 무게를 줄이기 위해 연료를 공중에 쏟아부어야 한다. 반대로 직원이 탑승을 거절하여 병원으로 가서 돌아가셨다면 반대 상황이 발생하기도 한다. 규정과 절차에 위배되지 않는 한 직원이 고객의 여행에 대한 권한을 제한할 자격이 없다"고 답변했다.
ㅇㅇ항공 서ㅇㅇ 상무는 "가장 중요한 의사진단서가 환자에게 없었다. 이 상태에서 환자 본인의 의사를 가지고 판단할 수밖에 없다. 환자는 분명히 의사소견과 약을 보여주며 탑승의사를 밝혔다. 우리 직원이 현지 병원 치료를 권했지만 한국에서 치료를 받겠다고 했고 탑승서약서도 작성했다. 모든 일이 정상적으로 진행됐다. 공항기능상 탑승의지가 있는 환자를 탑승시키지 않으면 인권문제가 발생할 수 있다. 기내에서도 승무원과 의사 2명과 간호사 1명이 사명감을 가지고 최선을 다했다. 절차상의 문제는 없었다."고 밝혔다.

▶ 승무원이 조치한 일

▶ 종합의견

– 사례별 추출된 교훈을 토대로 종합의견 작성

제 3 장

고객감동 서비스

제 3 장

고객감동 서비스

1. 고객 이해

고객이란 단어를 한자로 풀어보면 '顧'자는 "돌아보다", "생각하다", 찾다", "보살피다"의 뜻이며 '客'자는 "손님", "사람", "떠도는 사람"이라는 뜻이 담겨 있다. 서비스업에 종사하는 사람들에게 '고객'이란 가장 중요한 존재인 동시에 가장 연구해야 할 대상이라는 사실에 아무도 이의를 제기하지 않을 것이다. 고객은 과연 누구이며, 우리에게 무엇을 바라는지를 생각해 보고 고객만족을 위한 서비스 마인드를 재점검해야 한다.

1) 고객(顧客)의 의미

- 사전적 의미

  고객의 사전적 의미를 보면 '고객'은 단골손님이라고 정의되어 있다. 그러나 고객을 단순히 '단골손님'이라고 정의하는 데 그친다면 너무 미흡한 것이 아닐까?

- 현대적 의미

  불특정한 다수의 사람을 높은 분으로 모시고 단골손님으로 유지하되 다른 곳을 기웃거리지 않는 나만의 손님으로 만들기 위해 항상 돌보고, 생각하고, 찾아보고, 사랑하고, 보살펴야 하는 존재를 의미한다.

2) 고객 개념의 시대적 변화

고객의 개념은 시대에 따라 많은 변화가 있어 왔다. 생산지향적 단계에서 고객지향적 단계로 전이됨에 따라 고객의 개념은 가장 높고, 가장 소중하고, 가장 존귀한 존재로 인식되고 있는 것이 현실이다.

수요공급단계	개념	비고
수요 〉 공급	고객은 훼방꾼	생산지향적 단계
수요 = 공급	고객은 소비자	판매지향적 단계
수요 〈 공급	고객은 왕	고객지향적 단계

우리의 고객 성향은 시대에 따라 그중에서도 고객 니즈(Needs)의 다양성은 시대가 변할수록 다양해진다.

- 10인 1색
- 1인 1색
- 1인 10색

3) 고객에 대한 다양한 정의

고객에 대한 정의는 여러 기업과 개인에 의해 다양하게 정의되어 왔고 그 중요성도 점점 강조되고 있는 추세이다.

- 고객은 우리의 존재 이유이다.
- 우리의 급여는 고객으로부터 나온다.
- 고객은 회사의 존립, 발전을 좌우한다.
- 고객은 우리의 왕이며 주인이다.
- 고객은 우리를 찾아온 반가운 손님이다.
- 고객이 우리에게 의존하는 것이 아니라, 우리가 고객에게 의존하는 것이다.
- 고객은 우리의 목적이지 결코 우리의 훼방꾼이 아니다.

▶ 이상과 같이, 고객에 대한 고찰을 통해 우리가 알아야 할 것은 '고객은 단

순한 서비스의 객체'라는 기존 관념을 탈피해야 한다는 것이다. 우리가 고객에게 서비스로써 호의를 베푸는 것이 아니라 고객이 우리에게 서비스할 기회를 제공해 줌으로써 우리에게 호의를 베푸는 것임을 정확하게 인식해야 한다. 즉, 고객은 우리에게 가장 중요한 사람이며, 이러한 발상의 전환이 서비스업에 첫발을 내딛는 신입 직원에게는 무엇보다 중요하다고 할 수 있다.

그렇다면 우리의 고객은 누구인가? 우리 승무원의 고객은 '승객'이다. 객실서비스란 예약, 발권, 운송 등 항공운송 종합 서비스의 대미를 장식하는 부분으로 객실승무원은 서비스 최전방에 나선 일종의 영업사원이라고도 말할 수 있다. 우리의 서비스로 인해 고객은 우리를 다시 찾을 수도 또는 반대의 경우도 가능한 것이다.

■ 내부고객과 외부고객

고객에 대한 개념을 회사 바깥에 있는 누군가로만 한정하는 경우가 대부분이다. 그러나 한 울타리 안에 내부고객과 외부고객이 있음을 알아야 한다.

- 외부고객

  이 범주에 속하는 고객은 당신으로부터 물적, 인적 서비스를 사는 사람으로서 말 그대로 고객이라는 단어가 지니고 있는 전통적 의미의 고객이다.

- 내부고객

  회사 내부에서 일하면서 자신이 일하는 데 필요한 서비스, 제품, 정보 등을 당신에게 의존하고 있는 동료들이다.

- 고객 연쇄고리

  내부고객과 외부고객의 관계는 고객 연쇄고리를 만드는 것이다. 만약, 내부고객과의 협조가 제대로 이루어지지 않거나, 깊은 갈등 속에 있다면 외부고객에 대한 서비스에 어떠한 형태로든 영향을 미칠 것이다.

■ 고객은 무엇을 원하는가?

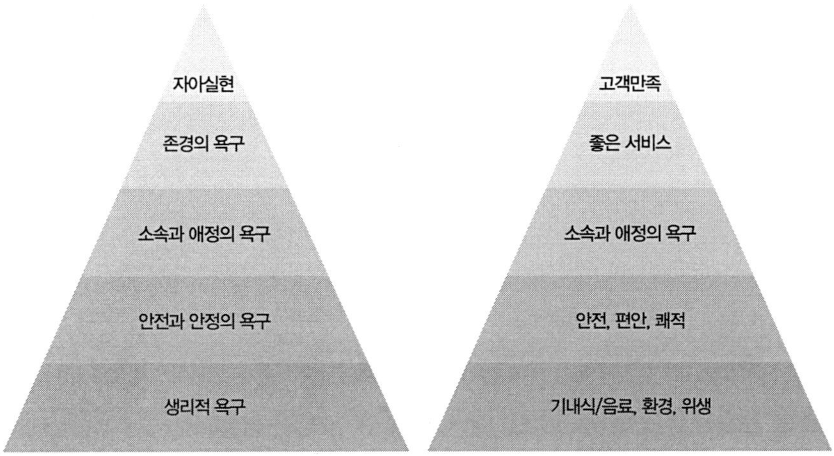

인간 욕구의 5단계 / 고객 욕구의 5단계

■ 고객의 일반적인 심리

고객의 심리에는 예측할 수 없는 미묘하고 섬세한 특성이 있다. 그러한 고객의 심리를 잘 헤아릴 수 있는 능력을 갖춘다면 업무 수행뿐만 아니라 인생을 살아 나가는 데 큰 힘이 될 것이다.

- 환영기대심리

  고객은 자신을 알아줌은 물론 반드시 서비스를 원한다.

- 보상기대심리

  상대적으로 고가인 항공료에 합당한 서비스와 탑승한 클래스에 상응하는 서비스를 원한다. 또 국적기를 이용한다는 것에 대한 상당한 보상심리도 작용할 수 있음을 이해해야 한다.

- 우월심리

  일반적으로 고객은 승무원보다 우월하다는 심리를 가지게 되는 것이 사실이므로 자신을 낮추고 고객의 자존심을 인정하는 서비스를 해야 한다.

- 독점심리

  고객은 승무원의 마음까지도 독점하고 싶어 한다. 모든 고객을 만족시키기 위해 공평한 서비스가 기본이 되어야 하나 노약자, 유아동반 승객, 장애인 등은 예외이다.

- 모방심리

  고객은 승무원 또는 타 승객의 행동을 모방하는 경향이 있다. 즉 승무원이 친절한 서비스를 제공하면 승객 스스로 승무원에게 친절하고자 하는 심리가 생기는 것이다.

- 자기위주심리

  자기본위로 행동하고 자신의 입장에서 서비스를 평가하려고 한다.

■ 상위클래스 고객의 심리

- 승객 대다수가 주로 비즈니스맨이므로 잦은 여행으로 인해 편안하고 안락한 서비스를 기대한다.
- 대부분 항공여행 빈도수가 높고 고급스러운 서비스 분위기에 익숙해져 있으므로 서비스에 대한 기대치가 높다.
- Food & Beverage에 대한 지식이 많다.
- 비싼 항공요금에 상응하는 고품위 인적 서비스를 기대한다.

■ 고객의 욕구와 가치의 변화

- 생활수준이 높아질수록 문화적, 정신적 측면을 중시한다.
- '상품'보다는 '가치'에 중점을 두며 서비스에 가치를 둔다.
- 시간가치를 중요시한다.(상품소비가 시간소비로)
- 서비스에 대한 정보량이 많아짐에 따라 전반적인 기대수준이 높아졌다.

2. 고객성향과 고객응대

고객의 성향은 매우 다양하며 고객이 원하는 것은 큰 것이 아니며 사소한 일로 기뻐하고 불쾌해 한다는 것을 기억하여 고객의 사소한 요구사항에 세심한 배려로 노력하는 것이 승무원에게 필요한 고객응대 자세이다.

■ 까다로운 고객

까다로운 사람을 잘 다루는 방법을 익히지 못한 서비스 종사원은 평정과 이성을 잃고 결국은 고객까지 잃는 경우가 발생한다. 상대방 고객이 무례하거나, 화를 내거나, 혼란스러워하거나, 격노하거나 상관없이 소규모의 충돌이 유격전으로 발전되어서는 안 될 것이다.

- 고객이 감정을 발산할 수 있게 해준다
  - 고객은 화가 나면 두 가지를 원한다. 먼저 자기의 감정을 표현하기를 원하고, 그다음에는 문제가 풀리기를 원한다. 열을 발산하려는 욕구가 워낙 강하다 보니, 고객은 처음 만나는 사람에게 화풀이를 하려고 할 수 있다. 간혹 이러한 고객의 감정발산을 시간 낭비라고 생각하는 서비스 종사원도 있으나 고객의 감정을 먼저 풀어주지 않고 어떤 해결을 시도하려는 것은 헛수고로 끝나기 십상이다. 고객은 감정을 발산하고 나서야 상대의 말에 귀를 기울이게 될 것이다.
- 부정적인 생각이 들지 않도록 주의한다
  - 까다로운 고객과의 갈등은 상대방 고객의 행동을 어떻게 이해하느냐에 따라 더 나빠질 수도 있다. 상대방 고객을 '멍청하다', '건방지다', '교양 없다' 등으로 바라보게 되면 고객을 상대하는 태도가 부정적인 필터로 인해 왜곡되기 시작한다. 때에 따라서는 정말 어쩔 수 없이 고객의 부정적인 감정개입을 떨쳐버리지 못하는 경우도 생긴다. 이럴 때에는 서비스 여과장치로 바꾸는 것이다. "이 고객이 원하는 것은 무엇이고, 나는 또 그것을 어떤

방법으로 제공할 수 있을까?"

- 고객에게 동감을 표현한다
  - 고객에게 감정을 풀 수 있는 기회를 줄 경우, 결국에는 열이 식기 마련이다. 그러고 나면 대화를 보다 적극적으로 이끌어 나갈 수 있는 길이 열린다. 이때, 간단하고도 충심에서 우러나오는 동감을 표시하면 까다로운 승객의 감정을 가라앉힐 수 있다.
- 적극적인 문제 해결을 시작한다
  - 이제부터는 고객의 문제 원인을 명확히 밝힐 질문을 통해 문제점을 보다 능동적으로 해결해 나갈 순간에 이르렀다. 고객에게 질문하기 위해서는 승객이 말하는 것을 귀담아 들어야 한다. 곧장 결론을 내리는 우를 범하면 안 된다. 이전에 이와 유사한 상황을 겪어봤기 때문에 이미 답을 알고 있다고 쉽게 생각하고 현재 고객이 처한 구체적인 세부사항을 놓쳐버릴 수 있다는 점을 항상 명심하라.
- 해결책에 서로 동의한다
  - 일단 모든 정황들을 끌어 모으고 나면, 고객과 함께 납득할 만한 문제 해결책을 마련해 나가야 한다. 고객을 기쁘게 해줄 만한 방안을 마련해 내지 못했을 때는 물어보라. 만약 해결을 위해 시간이 필요한 경우에는 기다리라고 하는 이유, 그리고 시간이 얼마나 걸릴 것인가 하는 약속시간을 정확하게 알려주어야 한다. 마지막으로 고객과 함께 문제 해결책에 동의하게 되면, 그 해결방안을 이행하기 위해 어떤 단계를 밟아 나갈 것인지도 설명해야 한다.
- 후속조치를 한다
  - 문제를 해결하고 나서 해당 고객에게 해결책이 제대로 이행되었는지를 점검하는 후속조치를 하면, 고객 서비스 성적표에 높은 점수를 받을 수 있다.

함께 생각해 봅시다

고객의 감정을 폭발시키는 말들

- 이해하지 못하시는 것 같은데요.
- 혼란에 빠지셨군요.
- 다음과 같이 해야 합니다.
- 우린 그럴 수 없어요. 우린 결코 _____할 수 없어요.
- 손님 잘못인걸요.
- 우리 회사방침은 그렇지 않습니다.

적절한 동감의 표현들

- 정말 저는 손님께서 왜 그렇게 느끼시는지 알 수 있습니다.
- 무슨 말씀을 하시는지 압니다.
- 정말 화내실 만하군요.
- 이 일로 얼마나 화가 나셨을지 이해합니다.
- 뭐라고 말씀드려야 할지 모를 정도로 면목이 없습니다.

■ 침묵하는 고객

서비스에 대한 만족은 고객 자신이 마음속에서 느끼고 판단하는 것이다. 관심 밖의 고객, 아무런 말도 하지 않는 고객이라고 해서 반드시 서비스에 만족한다고 판단할 수는 없을 것이다. 아무 말도 하지 않는 고객에 대해 만족하고 있다고 성급하게 해석하는 경우가 있고, 고객이 받아야 할 서비스를 뒤로 미루는 경우도 발생한다.

불만을 가지면서 묵묵히 있는 고객이 뒤에서 엄한 비판을 할 수 있는 것이다. 아무 말도 없는 것과 현상에 만족하는 것과는 선혀 다른 것으로 인식할 필요가 있다. 치열한 경쟁사회에서 고객관리의 중요성을 인식해 볼 때 침묵하는 다수를 간과해서는 안 될 것이다.

알고 계십니까?

- 미국의 갤럽 조사에 의하면 고객서비스에 불만족을 느낀 고객 중 그것을 말로 표현하는 사람은 4%에 불과하다고 한다. 그러므로 불평하는 고객 한 사람의 뒤에는 24명의 침묵하는 불만고객이 숨어 있음을 알아야 한다.

■ 불만 표현형 고객

고객의 불만을 불평으로 간주해서는 안 된다. 이것이야말로 고객이 우리 회사를 위해 시간과 돈을 들여가며 제공해 주신 산 정보이다.

"불평하는 고객이야말로 귀한 고객이다."

고객의 불만은 우리가 속한 회사가 반드시 해결해야 하는 과제이다.

어떤 유형의 고객불만에 접하더라도 우리는 최선을 다해 그 고객의 불만을 해소시켜 그 고객으로 하여금 계속해서 우리 회사를 이용하도록 해야 한다.

서비스 맨은 항상 회사의 대표자라는 사실을 잊지 말고 고객의 불평을 '고객만족에 한 걸음 더 다가가기 위한 기회'로 삼고 이 기회를 이용해 고객의 마음을 한 번 더 사로잡아 고객불만이 고객만족으로 발전하도록 최선의 노력을 기울여야 할 것이다.

■ 단골고객

어떠한 이유에서든 우리 회사를 계속 이용하는 고정고객이 있다. 그들은 우리의 서비스에 대체적으로 만족하고 있다고 생각할 수 있지만, 그렇다고 하여 그들에 대한 서비스를 소홀히 할 수는 없을 것이다.

자칫 잘못하면 오래된 고객을 잃을 수도 있기 때문이다.

단골 승객의 마음을 사로잡을 수 있는 방편으로 '알아주는 서비스'가 있다. 그분의 이름과 직함을 기억하고 호칭해 보라. 그리고 고객의 욕구를 미리 알고 고객의 성향에 맞추는 '고객 인식서비스'를 시도해 보라.

고객에게 관심을 가지고 고객이 선호하는 모든 사소한 것들을 데이터로 저장해 두고, 회사의 네트워크를 이용해 정보를 공유하라.

고객이 다시 우리를 찾아 자기를 기억하는 우리의 서비스를 접했을 때 그 고객은 영원한 단골고객이 될 것이다.

3. 고객만족 서비스

객실승무원과 고객의 만남은 개인과 개인의 만남이 아니라 회사와 개인 간의 만남이므로 대단히 중요한 의미가 있으므로 고객응대 시 세련되고 좋은 인상을 심어주도록 노력해야 한다. 특히 객실승무원은 고객을 접하는 최전방의 요원으로서 항공사의 대고객서비스를 담당하며 기업의 사활을 결정짓는 사람들이라는 것을 명심해야 한다.

1) 고객서비스

서비스도 제품과 마찬가지로 하나의 상품으로서 서비스 품질의 만족을 위하여 고객에게 계속적으로 제공되는 모든 활동을 말한다.

2) 고객만족이란?

고객의 욕구(Needs)와 기대(Expect)에 최대한 부응하며 그 결과로써 상품과 서비스의 재구입이 이루어지고 고객의 신뢰감이 연속적으로 이어지는 상태, 즉 CS(Customer Satisfaction)전략이란 고객에게 질 높은 서비스를 제공하여 만족감 및 행복감을 주어 고객을 우리 회사의 신규고객으로 유치하여 수익을 높이는 신경영전략이다.

3) 고객감동으로 가는 길

(1) 고객위주 사고의 변환과정

고객지향 ⇒ 고객만족 ⇒ 고객감동

(2) 고객감동을 위한 노력

- 첫인상을 만족시킨다.
- 머리끝부터 발끝까지 친절로 무장한다.
- 업무지식과 새로운 정보에 통달한다.
- 자신의 고객은 끝까지 자신이 책임진다.
- 가치계발을 위하여 지속적인 투자를 한다.

(3) 결정적 순간마다 고객을 만족시켜라

현장사원의 서비스가 매우 중요함을 의미하는 것으로 서비스 산업에 있어 차별화된 무엇이, 고객을 접하는 최전방의 요원들에 의해 창출되어야 하며 바로 이들이 기업의 사활을 결정짓는 사람이라는 것을 명심해야 할 것이다.

- 최소율의 법칙: 100 − 1 = 0

  완벽에 가까운 서비스로 고객을 만족시켰어도 단 한 번의 고객과의 접점에서 불만이 발생하면 99가지를 잘하고도 최소율의 법칙에 따라 100 − 1 = 99가 아니라 0이 된다는 것이다. 이러한 이치로 고객과의 모든 접점이 결정적 순간이 되는 것이다.

4) 고객응대의 기본 조건

객실승무원에게 있어서 표정, 태도, 용모/복장, 말씨, 올바른 인사 등은 회사의 이미지를 표현하는 것이므로 고객을 응대하는 데 있어 가장 기본적으로 갖추어야 할 요소라고 할 수 있다. 즉, 고객응대 시에는 단정한 용모에 아름다운 매너와 자세, 적극적인 마음가짐, 그리고 친절한 말씨 등이 바탕이 되어야 한다.

(1) 표정

사람의 표정에는 그 사람의 감정이 겉으로 드러나게 된다. 얼굴 표정만으로도 그 사람의 마음 즉 기분, 건강상태, 교양 정도까지 가늠할 수 있다. 그래서 고객을 처음 대면했을 때 고객의 표정을 살펴 응대하게 되는 것이 당연하다.

한편 서비스 종사원은 기본적으로 고객이 편안한 마음을 가질 수 있는, 친근감을 주는 표정을 갖추고 있어야만 한다. 왜냐하면 고객은 서비스 종사원의 표정을 보고 친절과 상냥한 마음을 판단하기 때문이다. 표정은 승무원이 갖추어야 할 가장 중요한 기본 매너이므로 항상 밝고 세련된 이미지가 표출되도록 노력해야 한다.

(2) 용모

누구라도 다른 사람에게 미움을 받기보다는 호감을 얻고 싶어 한다. 그리고 자신이 일하는 분야에서 성공하기를 원한다. 그렇다면 그 생각을 몸으로 표현하는 것이 중요하다. 직장에서 우리의 모습이 고객이나 상사, 후배, 동료들에게 호감을 주고 있는가? 만약 조금이라도 혐오감을 갖게 한다면, 당연히 우리의 평가는 떨어질 것이다. 용모의 흐트러짐은 업무에 임하는 자세와 만나는 상대방에 대한 마음의 이완을 나타내기 때문이다.

승무원의 용모와 복장은 자신의 이미지뿐만 아니라 회사 전체의 이미지를 결정짓는 중요한 요소이므로 항상 깨끗하고 세련되게 유지하도록 한다.

■ 누구에게나 호감을 주는 차림새

- 청결해야 한다.
- 고상해야 한다.
- 소박해야 한다.

(3) 인사

인사란 서로 간에 마음의 문을 열고 상대방에게 다가가 친근감을 표현하는 수단이 되거나, 상대방에 대한 존경심의 표현수단이 되기도 한다.

즉 인사(人事)라는 한자를 풀이해 보면 알 수 있듯이 우리의 생활에서 빠질 수 없는 바로 '사람이 해야 하는 일'인 것이다.

- 먼저 인사한다.
- 눈으로 인사한다.
- 몸으로 인사한다.
- 바른 자세로 인사하는 동작을 습관화하자. 스스로 이미지를 빛나게 해줄 것이다.
- 입으로 인사한다.
- 밝은 인사말, 덧붙이는 말 한마디로 풍성한 인간관계를 만들어보자.
- T.P.O에 맞는 인사를 한다.

함께 생각해 봅시다

- 항상 그렇다: 10점
- 때때로 그렇다: 5점
- 전혀 그렇지 않다: 0점

내용	점수
1. 인사할 때 항상 미소 띤 표정으로 합니까?	
2. 승객과 시선이 마주쳤을 때 피해버린 경험은 없습니까?	
3. 목만 구부리며 인사하지 않고 허리를 구부리며 정중하게 인사합니까?	
4. 반드시 상대의 눈을 보고 인사합니까?	
5. 다양한 인사말로 승객에게 관심과 성의를 보입니까?	
6. Aisle에서 승객 옆을 지나갈 때 "실례하겠습니다."라고 말하거나 가벼운 목례를 합니까?	
7. 늘 시야를 넓게 하여 승객을 먼저 발견하고 먼저 인사합니까?	
8. 인사한 후 친근한 마음의 Eye Contact를 합니까?	
9. 인사하는 목소리는 밝고 경쾌하게 합니까?	
10. 인사가 끝난 후 당신의 표정이 갑자기 차갑게 변하지는 않습니까?	

나의 점수는?(　　　/100점)

(4) 자세와 동작

- 승객과 정면의 위치에 서서 등을 곧게 펴고 승객의 눈높이에 맞추어 허리를 굽혀 응대한다.
- 제공할 승객의 1 ROW 앞쪽에 위치하는 것이 좋다.
- 승객좌석에 손을 올려놓거나 기대지 않도록 한다.
- 승무원이 갖추어야 할 기본자세는 물론 충분히 습득하여 본인의 것으로 만들어야 한다.
- 몸가짐, 특히 신체의 움직임은 고객이 말하는 내용에 대해 얼마만큼 열정과 관심을 갖고 있는지를 보여준다.
  - 고개를 끄덕인다.(Nodding)/얼굴을 마주 쳐다본다.(Eye Contact)/몸을 앞으로 굽힌다.(Body Language)

(5) 대화

- 승객과 대화할 때는 승객 안면의 양미간 사이를 보는 것이 좋으며, 남자 승객의 경우 가끔 넥타이의 매듭과 미간 사이를 번갈아 본다.
- 밝은 음성, 적정한 Tone, Pause, 속도, 정확한 발음을 유지하도록 한다.
- 외국어의 경우 Full Sentence를 사용하도록 한다.

| 함께 생각해 봅시다

언어 사용 개선하기

▨ 긍정적 사고

- "노력해 보겠습니다." → "할 것입니다"
- "할 수 없습니다." → "할 수 있습니다"

▨ 어휘능력 향상

- 적절한 단어의 선택이 커뮤니케이션의 성공을 좌우한다.
- 누구나 새로운 단어를 능동적으로 흡수하면, 어휘능력은 향상될 수 있다.

▨ 은어 사용의 자제

- 우리에게 익숙한 은어 10개를 적어보라. 언제 자주 사용하게 되는가?
- 은어의 의미를 이해하는 사람에게는 아주 간편하고 훌륭한 수단이 되지만, 이해하지 못한다면 마치 외국어처럼 알아듣지 못하게 될 것이다.

▨ 군소리를 중간 침묵으로 바꾸기

- '음~, 아~, 에~, 그래~, 자~' 등의 불필요한 군소리를 사용하지 마라.
- 군소리 대신 중간 침묵으로 대신하면 실제로 더 자연스럽게 느껴질 것이다.

5) 첫인상의 중요성

- 첫인상: 항공사의 첫인상은 객실승무원의 인상
- 진실의 순간(Moment of Truth)

진실의 순간이란 서비스의 제일선에 있는 직원이 고객과 접하는 최초의 15초로써 고객과의 접점에 있는 현장 사원의 서비스가 얼마나 중요한가를 의미하는 말이다. 특히 서비스 산업에서는 차별화된 서비스가 고객을 접하는 최전방의 요원들에 의해 창출되어야 하며 바로 이런 서비스 종사원이 기업의 사활을 결정짓는 사람이라는 것을 명심해야 한다.

6) 고객응대의 매너

- 항상 성의를 가지고 응대한다.
- 친절한 마음씨를 잊지 않는다.
- 올바른 예절로 응대한다.
- 업무지식을 풍부하게 가지고 확실히 처리한다.
- 적극적인 태도로 고객의 의도를 확실하게 파악한다.
- 약속은 반드시 지킨다.

■ 고객만족 요인

만족이란 단어의 한자 뜻풀이를 보면 풍족하고 가득 차 부족함이 없는 상태를 말한다. 여기서 '부족함이 없는 상태'란 무엇을 말하는가?

이것은 고객이 갖고 있는 기대 수준이 있다면 기대 수준 이상으로 욕구가 충족된 것을 말한다. 예컨대 고객의 바람, 고객의 희망, 고객의 행복 등을 말할 수 있는데 이와 같은 모든 것을 고객의 기대 수준이라고 볼 수 있으며 이러한 것들이 기대 이상으로 충족되어 부족함이 없는 상태를 만족이라고 할 수 있다.

■ 고객감동과 매너

일반적으로 어떤 서비스가 고객이 기대하는 수준에 맞추어졌을 경우 고객은 그 서비스에 대해 만족하게 된다. 하지만 최근 고객 유치와 고객 관리의 치열한 경쟁 속에서 단순한 고객만족만으로는 고객을 사로잡지 못할 것이다. 고객이 느끼는 고객만족 평균치의 서비스와 고객이 감동하는 고품질 서비스와의 차이점은 어디에 있을까? 고객이 일반적으로 만족하는 평균치의 서비스란 물적인 서비스나 그 서비스의 과정에 대한 만족을 의미한다. 누구에게나 무리 없이 똑같은 서비스, 획일적인 서비스를 말한다.

그렇다면 고객은 무엇으로 감동받는가? 그것은 서비스 종사원의 고객응대 매너, 즉 고품질 서비스인 인적 서비스에 의해 결정되는 것이다.

■ 고객 관리

일부 서비스 업체에서는 새로운 고객 유치에 혈안이 되어 있는 것 같지만, 실제로 내실을 기하는 서비스 업체에서는 오히려 기존의 고객들을 만족시키는 데 전력을 다하는 것이 사실이다.

우리가 만나는 고객들의 마음을 감동시키는 것이 그 고객이 다시 우리를 찾게 하는 역할을 할 것이다. 그리고 우리를 다시 찾아주는 고객들, 즉 단골고객을 어떻게 관리하느냐가 고객 유치의 성공을 좌우하는 지름길일 것이다.

상위 클래스 서비스에서 고객의 성명과 직함을 호칭하고 그분의 개인 취향을 파악하는 일련의 작업들은 모두 고객관리 차원에서 이루어지는 일들이다.

함께 생각해 봅시다

▨ 서비스란 무엇이라고 생각합니까?

▨ 내가 최근에 받아본 좋았던 서비스는 무엇이었으며, 그 이유는 무엇입니까?

▨ 고객은 나에게 어떤 존재입니까?

▨ 고객의 관점에서 어떤 서비스가 좋은 서비스인지를 생각해 봅시다.

▨ 고객에게 기쁨과 고마움을 느끼게 하기 위해서는 구체적으로 어떤 일들을 해야 합니까?

제 4 장

고객의 말씀 사례연구

제 4 장

고객의 말씀 사례연구

1. 고객칭송

서비스는 고객의 NEEDS로부터 출발해야 효과를 극대화할 수 있다. 고객은 비행 중 회사가 제공하기를 약속한 서비스를 기대하고 있다.(좌석, 음료, 식사, 영화, 기내판매 등) 서비스의 품질은 승객의 기대치가 실제로 얼마나 충족되었느냐에 달려 있으므로 승객의 서비스에 대한 기대와 실제 느낀 결과와의 차이에서 결정된다고 할 수 있다.

1) 고객반응의 즉각성, 다양한 채널을 통한 서비스 평가

예전에는 서비스에 대한 칭송 또는 불만과 같은 고객의 의견이 주로 서신을 통해 접수되었으나 최근에는 PC 사용의 대중화로 인해 서비스에 대한 평가가 즉각적이고 직선적이며 공개적이 되었다.

■ 승객의 NEEDS에 영향을 미치는 요인

- 구전(Word of Mouth)
- 승객 개인의 성격이나 취향
- 과거의 경험
- 예약, 발권, 운송 서비스 제공자들로부터 얻은 정보

■ 서비스 만족도의 결정요소

일반적인 서비스 만족도의 결정요소는 다음과 같다.

- 유형성: 쾌적한 환경, 편리한 시설
- 안전성: 신체적 안전, 재산적 안전, 프라이버시 존중
- 신뢰성: 약속한 서비스를 믿을 수 있고 정확하게 수행하는 능력
- 신용도: 서비스 담당자의 신뢰성, 정직성
- 신속한 대응: 고객을 기꺼이 돕고 신속한 서비스를 제공하려는 것
- 능력: 필요한 기술과 업무를 수행할 지식의 소유 여부
- 예절: 서비스 담당자의 정중함, 존경, 배려, 그리고 친근감
- 접근: 접근 가능성과 접근 용이성
- 소통: 고객의 의견을 잘 청취하며 알기 쉽게 설명하는 것
- 고객 이해: 고객의 NEEDS를 알아 만족시키려 노력하는 것

2) 서비스의 정의

서비스란 정성을 다하여 상대방을 도와드리고 기쁨을 드리려는 마음가짐과 행동이다. 이러한 서비스를 수행하면서 서비스 종사원은 기쁨과 보람을 느낄 수 있다.

3) 서비스의 특징

- 무형성: 눈에 보이지 않는다.
  서비스는 형태가 없는 무형의 상품이다. 제품과 같이 객관적으로 누구나 볼 수 있는 형태로 제시되지 않고 측정하기도 어렵다.
- 동시성: 생산과 소비가 동시에 일어난다.
  서비스는 공급자에 의해 제공됨과 동시에 고객에 의해 소비되는 성격을 가지고 있다. 따라서 서비스는 재고가 없고 불량 서비스를 팔면 영원히 고객을 잃게 된다. 불량 서비스를 팔면 그 결과는 불량제품의 경우보다 훨씬 가혹하게 돌아온다.

- 인간주체: 사람에 의존한다.

  대부분의 서비스는 사람에 의해 생산되어 고객에게 제공된다. 따라서 똑같은 서비스라도 행하는 사람에 따라 품질의 차이가 발생된다.

4) 서비스의 중요성

고객을 만족시킨다는 것은 막연하게 친절하기만 해서 되는 것은 아니다. 보다 구체적인 방법으로 한 단계씩 차근차근 고객만족 서비스에 접근하도록 해야 한다.

- 평준화되고 포화된 시장에서의 차별화

  전 세계의 유수 항공사들과의 경쟁에서 우리가 살아남기 위해서는 우리의 서비스가 최고 수준이 될 수 있도록 노력해야 한다.

- 고정고객 확보를 위한 핵심요소

  서비스품질에 문제가 발생했을 때 그 원인을 분석해 보면, 68%에 해당되는 사항이 서비스 종사원의 태도불량에 기인한다고 한다.

- 구전에 의한 광고효과

  서비스를 잘하면 주위 사람들에게 칭찬하여 권유하게 되지만, 그렇지 못할 경우에는 오히려 더욱 많은 사람들에게 악선전을 하게 된다. 특히 요즘은 인터넷, 휴대폰 등의 다양한 통신수단을 이용하여 훨씬 더 광범위하게 고객의 의견이 전파된다.

- 긍정적인 고객반응에 의한 직원의 만족

  서비스는 상대방에게 친절을 베풀고 도움을 주는 행동이다. 이때 서비스 종사원으로부터 도움을 받은 고객은 감사를 느끼고 이런 느낌은 서비스 종사원에게는 성취감과 보람이 된다.

5) 고객칭송의 배경

승무원이 고객으로부터 칭송을 받는 경우, 대부분 승무원의 인적 요소에 관련된 부분이 많다. 자신의 직업에 대한 사랑과 책임감이 고객감동으로 연결될 수 있으며 늘 자신이 고객의 입장이었을 때를 생각하며 업무에 임한다면 칭송의 주인공이 될 수 있으며 고객은 대체로 다음과 같은 서비스를 받았을 경우에 만족했다고 한다.

- 항상 웃는 얼굴로 응대한다.
- 고객의 가치를 인정하고 고객을 존중하는 태도로 응대한다.
- 고객의 이름이나 직함을 호칭한다.
- 정중한 언어를 사용한다.
- 고객의 관심사나 걱정거리에 대해 정확한 정보를 제공함으로써 고객을 안심시킨다.
- 고객의 결정에 확신을 준다.
- 진심으로 고객에게 감사의 마음을 나타낸다.

고객은 값비싼 서비스 상품이나 서비스 영업장의 멋있는 인테리어, 편의시설 등과 같은 물적 서비스가 아니라 서비스 종사원이 수행하는 인적 요소에 만족하는 것을 알 수 있다.

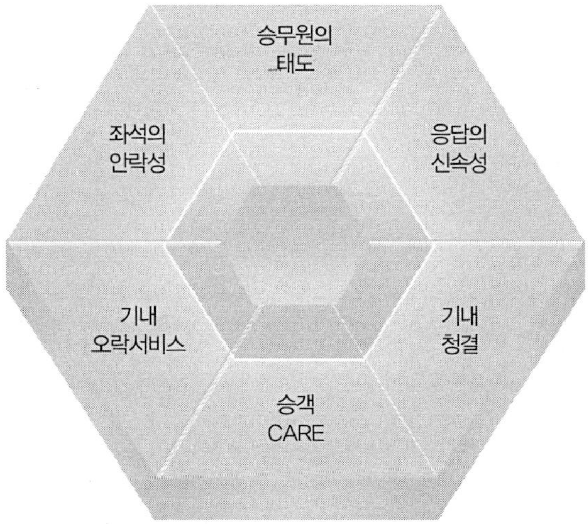

그림 1 고객칭송의 이유

사례연구

Q1 최근에 다음 장소에 가보신 적이 있습니까? 있으시다면 해당되는 항목에 O를 기입해 주십시오.

1. 슈퍼마켓 (　)　　2. 백화점 (　)　　3. 병원 (　)
4. 대중교통: 항공사, 철도, 버스, 택시 등 (　)
5. 호텔, 레스토랑 (　)　　6. 카수리센터, 각종 제품 A/S센터 (　)

Q2 위의 Q1에 해당되는 상황에서 최근에 경험한 서비스 관련 사례를 한 가지만 생각해 보시고 다음 항목에 대해 간단히 작성해 보시기 바랍니다.

▶ 사례내용

▶ SVC 평가내용: 물적 SVC 내용에 대해 평가하고, 왜 그렇게 생각하는지 적어주세요.		
POOR SVC	AVERAGE SVC	EXCELLENT SVC

▶ SVC 평가내용: 인적 SVC(태도, 행동, 매너 등)에 대해 평가하고, 왜 그렇게 생각하는지 적어주세요.		
POOR SVC	AVERAGE SVC	EXCELLENT SVC

▶ 고객의 입장에서 그 사례에 대한 서비스를 전체적으로 평가해서 어떤 항목이 가장 인상 깊었고 왜 중요하다고 여겨지는지 적어주시기 바랍니다.

칭송 직원의 태도, 표정, 말씨, 대화, 면세, 환자대응 등의 칭송사례

세심한 서비스 응대

정확한 날짜는 기억 못 하고요. 대략 지난 5월에 김해에서 김포로 가는 국내선에 탑승했어요. 저는 20년 정도 외국에서 생활하였기에 셀 수 없을 만큼 비행기를 많이 탔던 이유로 기내식과 기내 커피에 익숙해져 있습니다. 그중에 ㅇㅇ항공은 기내식과 커피가 일품이지요.

저는 김해에서 탑승하면서 출입구에서 아주 환한 얼굴로 고객을 맞는 남자 승무원분께 "오랜만에 대한항공을 타네요. 제가 대한항공 기내 커피를 무척 좋아하거든요"라고 한 뒤 좌석을 찾아 자리에 앉은 후 빨리 이륙하여 커피를 마시고 싶은 마음이 간절했습니다.
그런데 이걸 어째! 하느님도 무심하시지~ 기류 악화로 기내서비스가 중단되었고 허걱~ 제가 애타게 기다리던 그 맛있는 커피와 슬프게도 만나지 못하였습니다.
아, 그때의 그 실망감이란…
그리고 김포에 착륙하여 기내 출구를 막 빠져 나가려던 순간, 탑승할 때 환한 미소로 승객을 맞이해 주셨던 그 남자 승무원분께서 제가 그토록 애타게 기다리던 그 맛있는 ㅇㅇ항공 기내 커피를 따끈하게 막 빼내어 냅킨에 싸서 주시는 것이었습니다.
물론 그 환한 미소와 함께 말이죠! 우와~ 감동 그 자체였어요! 제가 탑승할 때 그냥 한 말이었는데 저를 기억해 주시고 비행기 착륙 후 일부러 저를 위해 커피를 빼주신 것 같았어요.
감동이란 단어가 적절하게 사용되는 순간이었습니다.
저는 그 승무원께 당신은 최고의 승무원이라는 말씀과 진정한 서비스 마인드를 갖고 계시는 분이라는 말씀 꼭 전해 드리고 싶습니다.
그분은 제가 20년 동안 만난 승무원 중 최고의 승무원이었습니다. 그분께 꼭 저의 감사한 마음을 전달해 주시길 부탁드립니다!
그날의 그 커피는 그분의 진심에서 우러나오는, 손님을 향한 서비스 정신과 그분의 정성이 커피의 맛과 함께 어우러져 정말 죽여주는 환상의 맛이었습니다. 커피 잘 마셨어요. 아주 죽도록 맛있게요.^^

ㅇㅇㅇ님의 정성과 친절, 잊지 않겠습니다! 또 뵐 수 있는 날이 왔으면 좋겠어요.
늘 건강하세요, 화이팅!! 역시 ㅇㅇ항공이라는 생각이 다시 들게 하신 분!

▶ 종합의견

조명/명단(3-4명)	
서론 (칭송내용)	
본론 (칭송원인)	
결론 (칭송받을 새로운 방법)	

유아동반 승객 응대

오랫동안 여러 차례 ㅇㅇ항공을 이용하여 왔는데… 그중 이번에 승무원에게 받은 서비스에 크게 감동하여 글을 남깁니다.

이번에 가정형편상 25개월 된 아들과 단둘이 장거리 여행을 하게 되어 여러 가지로 걱정이 많이 되었습니다.
처음으로 엄마와 떨어지는 아이와 11시간의 여행을 한다는 것이 무리인 줄 알았지만… 처음 탑승하자마자 ㅇㅇㅇ이라는 이름의 승무원이 다가와서 밝은 웃음으로 아이와 저의 긴장을 풀어주며 도움을 자청하여 편안한 마음으로 여행을 출발하였습니다.
하지만 식사 도중 아이가 미역국을 쏟아 온몸에 화상을 입게 되었는데, 이때 이 승무원께서 얼음주머니를 준비해 주고, 약을 가져다가 직접 발라주고 놀란 아이와 저를 성심껏 돌봐주고 걱정해 주는 모습에서 진정한 모성애가 담긴 서비스를 느꼈습니다.
이 승무원의 서비스는 억지로 하는 것이 아닌, 정말 몸에 배인 말 그대로의 감동 서비스였습니다.
틈나는 대로 계속해서 안부를 묻고, 짐을 찾고 나오는 데까지 따라와서 아이의 몸상태를 확인해 주고 아이에게 웃음을 주고 가는 이 승무원이 있어 다시 한 번 ㅇㅇ항공 승객임에 기쁨과 자부심을 느꼈습니다.

정말 감사합니다.

노약자 승객 응대

안녕하세요. 다름이 아니라 ㅇㅇ항공 승무원 한 명을 칭찬하고 싶어서 이렇게 글을 올립니다. 저는 6월 제주로 가는 ㅇㅇ항공 국내선을 탔는데요. 이름이 ㅇㅇㅇ라는 분인데 정말 친절히 대해주셔서 감동했어요.

저는 할머니랑 같이 탑승을 했는데 할머니가 다리수술을 받으셔서 다리를 구부려서 비행기 좌석에 앉을 수 없는 상황이었거든요.
그래서 비행기를 타기 전부터 걱정이 이만저만이 아니었는데 그분께서 친절히 편안하게 앉을 수 있게 도와주시고, 약 한 시간의 짧은 비행에도 불구하고 중간중간에 와서 편안하시냐고 물어봐주시고, 베개도 여러 개 주셔서 할머니가 정말 편안하게 오실 수 있게 많이 도와주셨어요. 할머니가 무릎을 잘 굽히지 못해서 밑에 가방이나 이런 것을 대고 다리를 올려야 했거든요. 항상 미소 띤 얼굴로 상냥하게 대해주셔서 보는 사람마저 행복하고 즐겁게 만들어주셔서 너무 감사했어요. 옆에 앉은 이모는 "역시 ㅇㅇ항공이구나!" 하셨어요.

다시 한 번 정말 감사드립니다. ^^

▶ 종합의견

조명/명단(3-4명)	
서론 (칭송내용)	
본론 (칭송원인)	
결론 (칭송받을 새로운 방법)	

환자 승객 응대(어린아이)

여행을 다녀와 문득 고마운 사람이 생각나 감사의 뜻을 전하고 싶습니다.

지난 7월 ○○편으로 가족과 함께 하와이 여행을 하게 되었습니다. 출발 전에 아이가 감기 기운이 조금 있었는데, 이륙 후 귀가 아프다며 울기 시작했습니다. 어쩔 줄 몰라 지나가던 승무원을 불렀습니다. 기내에 약이 있는지, 어떻게 해야 할지… 승무원은 밝은 표정으로 와서는 이내 걱정스러운 얼굴로 바뀌었습니다. 그리고는 조심스럽게 귀약은 없다며 함께 걱정을 하다가, 잠시 기다려보라며 자리를 떠났습니다.
잠시 후, 아까 그 승무원이 와서는 따뜻한 물수건을 컵에 담아 와서 아이의 귀에 대고 있으면 조금 나아질 수도 있다며 건네주었습니다. 그리고 혹시 모르니 어린이 해열제와 미지근한 물, 껌도 함께 건네주었습니다. 자리를 떠나면서, 괜찮을 거라며 저희를 안심시키는 말과 함께 아이의 상태를 체크해 주었습니다. 그 후에도 가끔씩 와서 아이의 상태를 물어봐주며, 불편한 점은 없는지 보살펴주었습니다. 그 승무원의 정성 때문인지 아이는 별 탈 없이 잘 도착해서 여행도 잘 마칠 수 있었습니다. 지금 생각해 보면 다 그 승무원의 도움 때문이란 생각이 듭니다. 긴 시간 동안 힘들었을 텐데…

승객을 최선을 다해 보살펴주고, 웃는 얼굴로 대해주고, 특히 눈웃음이 너무 예쁜 ○○○승무원에게 감사의 마음을 전합니다.

응급환자 승객 응대

저는 사업차 방콕으로 가는 여정 중에 감사의 말씀을 드리고 싶어 이 글을 씁니다.

이번 탑승이 ○○항공 707번째 탑승이었습니다. 저의 응급상황은 비행기에 탑승하고 얼마 안 되어 시작되었습니다.
속은 쓰리고, 몸은 차가워져 가고 머리에서는 진땀이 나며 고통이 시작되었습니다. 승무원에게 도움을 청하였습니다. 승무원은 지체 없이 구급약을 준비해 주었고, 저의 차가워진 손과 발을 주무르고, 배에는 따뜻한 팩을 올려주고, 머리에는 수건으로 열을 식혀주고…
그러기를 3시간여… 방콕 공항에 도착하였습니다. 지상요원(지사장님)의 도움으로 공항 내 응급실로 휠체어를 타고 신속하게 이동하였습니다.
그곳에서 의사의 처치 후 몸이 안정을 찾은 뒤 숙소로 갈 수 있었습니다. 덕분에 일정을 잘 마무리 할 수 있었습니다.
응급상황에서 기내에 의사가 있는지 방송을 하는 등 최선의 봉사와 최고의 정성을 보여주신 기장님과 승무원 모두에게 감사드립니다.
특히 부사무장 ○○○님(제가 기억하는 성함입니다)과 방콕 지사장님께 거듭 감사의 말씀을 드립니다. 고맙습니다.

▶ 종합의견

조명/명단(3-4명)	
서론 (칭송내용)	
본론 (칭송원인)	
결론 (칭송받을 새로운 방법)	

어린아이 응대

○○월 ○○일 로스앤젤레스발 ○○항공으로 한국으로 들어올 때입니다. ○○○편입니다.

이날도 비상구 좌석에 앉았었습니다. 앞쪽에 어린아이와 함께한 승객이 아이를 안고 달랬습니다. 승객들이 시끄럽다고 할까봐, 또 수면을 방해할까봐 아이를 수시로 번갈아 안고는 화장실로 향했습니다. 한참 시간이 지났습니다.
모두가 잠들어 있었고, 승무원들의 움직임도 뜸해졌습니다. 화장실을 가기 위해 일어났다가 잠시 서서 운동을 하려는데 승무원 한 명이 서서 앞을 보고 있는 것입니다.
그래서 "이 시간에 왜 여기 서 있는가?" 하고 물었더니 그 아이가 울 것 같아 서 있다고 하는 것입니다.
그래서 "앉아 있지 그러느냐"고 말했더니 웃으면서 "괜찮다"고 하더군요. 제 자리에 앉아서 계속 보니 그 아이를 뒤에서 보면서 승객들의 불편을 막아주려는 그 모습이 매우 고마웠습니다. 이런 배려나 자상함에 감동을 받았습니다.
힘들 텐데 나서지도 않고 뒤에 서서 그 아이와 엄마를 쳐다보면서 도울 때를 기다리는 그 모습은 제가 여태 느끼지 못했던 따뜻한 모습이었습니다.
나중에 주의 깊게 보니 그 승무원의 이름이 ○○○이었습니다. 가장 어려 보이는 승무원인 것 같은데도 그 배려가 제 마음에 기쁨을 주었답니다.

○○항공이 가지고 있는 섬김의 마음인 것 같습니다. 그래서 칭찬의 편지를 띄웁니다.

속이 좋지 않은 승객 응대

승객의 입장에서 승무원의 서비스를 보고 왜 ○○항공이 세계 최고의 서비스 수준을 갖고 있는지 새삼 느꼈습니다.

제 옆에 학생이 식사 도중 속이 안 좋아 음식물을 바닥에 다 토했고, 승무원이 바로 달려와 조치하는 과정에서 ○○항공 승무원 ○○○이 바닥에 엎드려 기다시피 학생이 토한 음식물들과 옷가지를 치우고 정리하는 과정을 본 한 승객으로서 칭찬하지 않을 수 없어 글을 올립니다.
다른 승무원이나 다른 항공사에서는 바닥의 이물질을 대충 치우고 신문지나 종이로 덮은 후 조치를 하겠지만 ○○○승무원은 바닥을 기다시피하며 일일이 토사물을 치워주었습니다.

이런 ○○○씨와 같은 승무원이 ○○항공에 많다면 저는 앞으로 ○○항공만 이용하고 추천도 강력하게 할 것입니다. ○○항공 파이팅입니다!

▶ 종합의견

조명/명단(3–4명)	
서론 (칭송내용)	
본론 (칭송원인)	
결론 (칭송받을 새로운 방법)	

서비스 응대

최악의 환경을 최고의 서비스로…

저는 여행사 인솔자로서 ○○○편 오클랜드행으로 출장을 떠나게 되었습니다. 저희 고객분 중에 정신지체장애가 있는 딸과 보호자 격인 어머님이 계셨습니다. 항공기 탑승 시 이코노미 클래스 사무장님께 특이사항을 말씀드렸더니, 최선의 케어를 해주시겠다는 말씀에 안도의 마음이 들었습니다.
그러나 이런 일도 있을 수 있을까 하는 상황이 발생하였습니다. 그분들 바로 옆좌석 탑승객의 이상행동은 경악을 금치 못하게 했습니다.
승무원분들의 자제 요청에도 불구하고 계속 술을 요구하시고, 고성을 지르는가 하면, 승무원분들께 무례한 말투와 행동을 서슴지 않았습니다.
또한, 바로 옆에 계신 저희 고객분들께도 과도한 언행과 행동으로 불쾌감을 초래하여, 그분들이 좌석변경을 요청하는 지경까지 이르렀습니다.
이에 저는 승무원분에게 상황을 설명드리고 좌석 변경을 요청하였지만, 이날 비행기는 만석인 관계로 좌석변경이 어려운 상황이었습니다.
저의 걱정에 사무장님의 대답은 간결하였지만 확고하셨습니다. 저희가 책임지고 해결해 드리겠습니다.

그 말이 끝나기가 무섭게… 각자의 역할 분담은 일사천리로 진행되었습니다.
이코노미 좌석을 담당하시는 ○○○사무장님은 그 탑승객에게 자제를 요청하였고, 남자 승무원이신 ○○○은 듬직한 모습으로 옆을 지켜주셨습니다.
그러나 자칫 그 문제의 탑승자분이 돌발상황을 초래할 수도 있는 상황이기에, ○○○, ○○○, ○○○ 승무원은 상냥한 모습으로 그 탑승객의 요구사항을 들어주셨습니다.
마지막으로, ○○○ 사무장님이 그 탑승객에게 조용하면서도 강직하게 경고하여 상황은 깔끔하게 마무리가 되었습니다.
그 짧은 시간에 어떻게 이토록 많은 분들이 협동해서 해결하셨는지 신기할 정도였고 이분들의 팀워크는 최고셨습니다.
상황이 종료된 후에도 승무원분들이 교대로 저희 고객에게 찾아와 상황을 확인하고, 불편한 점을 확인해 주시는 섬세함도 잊지 않으셨습니다.

그런데 이게 웬 설상가상인지…

비행기가 거의 목적지에 다다랐을 무렵 갑자기 제 근처의 자리에서 사람들이 웅성대기 시작하였습니다.
탑승객 중 한 명이 구토를 하며 발작증세를 보이는 것이었습니다.
승무원분이 멀미봉투를 구해오고, 기내방송으로 의사를 찾는 과정은 여느 항공사분들과 같았습니다.
그런데 아주 독특한 장면을 보게 되었습니다.

승무원분들이 우르르~ 오시더니 다른 탑승객들의 동요가 없도록 환자는 주변을 빙 둘러 인간 바리케이드를 만드는 것이었습니다.

다른 탑승객들이 무슨 일인지 궁금해서 보려 하여도, 다른 탑승객들 쪽으로 방긋방긋 웃는 미소를 보이며, 주위를 에워싼 승무원분들만 보일 뿐이니 동요하는 한 분 없이 상황은 금방 안정되었습니다.

잠시 후, 약과 휴지를 들고 오시는 사무장님의 발걸음은 차분하면서도 미소를 잃지 않으셨습니다. 지금까지 많은 기내 환자 발생상황을 보았지만, 이토록 아름답고 신속하게 처리하는 모습은 본 적이 없었습니다.

승무원의 바리케이드는 너무 좋은 아이디어였습니다.
저와 함께하신 고객분도 여행 일정 내내 승무원분들에 대한 얘기와 칭찬이 끊이지 않으셨습니다. 많은 여행을 다녔지만, 이런 황당한 경우도 처음이었지만 이토록 친절한 승무원분들도 처음이셨다고요.
저 역시 지금껏 수많은 승무원분들을 보았지만 이번 분들처럼 너무너무 제게 큰 감동을 주신 승무원분들은 처음이었습니다.

앞으로 어느 고객분이건 저에게 ㅇㅇ항공이 뭐가 좋아요??라고 물으신다면 자신 있게 말할 수 있습니다. 위급한 일 당해보세요. 그럼 그분들의 진가를 아실 수 있으실 테니까요.

최악의 상황에서 최고의 서비스로 최대의 행복을 이끌어내주신… ㅇㅇㅇ, ㅇㅇㅇ, ㅇㅇㅇ, ㅇㅇㅇ, ㅇㅇㅇ, 그리고 제가 칭송글을 작성하고 싶다며, 성함을 여쭤보았지만 "저희는 괜찮으니 우리 승무원들 이라 써주세요"라며 손사래를 치시며 겸손과 더불어 후배 사랑까지 보여주신 ㅇㅇㅇ, ㅇㅇㅇ 사무장님. 이 모든 상황을 차분함과 친절함으로 통제하신 두 분께 다시 한 번 감사와 존경을 표합니다.

두 분은 ㅇㅇ항공의 진정한 태극날개이십니다. 너무너무 고맙습니다.

▶ 종합의견

조명/명단(3-4명)	
서론 (칭송내용)	
본론 (칭송원인)	
결론 (칭송받을 새로운 방법)	

2. 고객불만

고객이 어떤 서비스에 대해 고충이나 요망사항, 불평불만도 없이 즐겁게 만족하는 것이 승무원들의 가장 큰 바람이지만, 이러한 희망사항을 항상 실현시킨다는 것은 어려운 일이다.

고객은 물적 서비스에서부터 인적 서비스에 이르기까지 자신의 기대에 상응하는 서비스를 바라는 것이 보통인데, 이 기대가 무너졌다고 느꼈을 때 서비스 종사원을 향해 불평불만을 토로하는 것이 보통이다.

고객을 응대할 때 불만이 발생하는 원인은 여러 가지로 생각할 수 있지만, 물적 서비스의 미비와 이에 상응하는 종사원의 접객태도의 불성실함에서 온다고 본다.

특히 물적 서비스에 대한 불만은 성실하고 친절한 대응태도에서 어느 정도 감해질 수 있다는 점을 고려할 때 종사원의 태도는 고객불만 발생의 상당부분을 차지한다고 볼 수 있다.

1) 불만고객응대 방법

고객이 원하는 것은 큰 것이 아니며, 사소한 것에 만족한다는 것을 명심해야 하며 항상 세심한 배려를 하는 자세로 근무에 임해야 한다. 고객의 불쾌한 마음을 재빨리 알아차리고 유쾌한 마음으로 전환되도록 노력하는 것이 서비스 종사원에게 필요한 고객응대 자세이다.

- 고객불만의 발생원인

  고객의 기대와 서비스 결과와의 과대한 차이

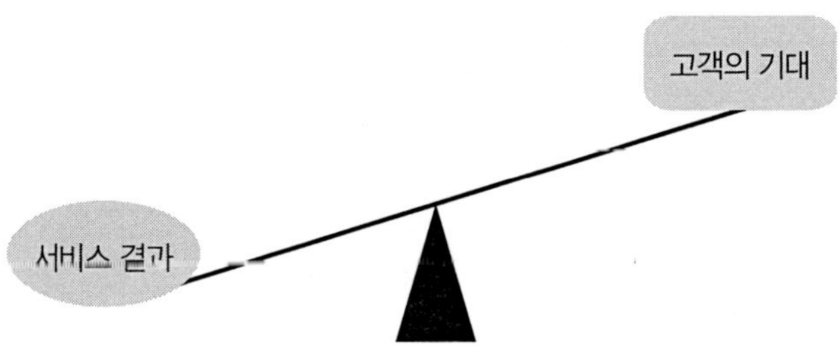

▶ Hardware적인 요소에서 Software, Humanware적인 요소로 불만의 원인 이동

Hardware → Software → Humanware

2) 불만고객의 일반적 특성

- 자기과시가 심하다.
- 서비스태도와 내용에 대해 민감하다.
- 일반적으로 성격이 급하다.
- 다소 신경질적이다.
- 대체로 항공여행 경험이 많다.
- 불만을 밖으로 표출하지 않는 승객은 더욱 위험한 승객이다.

3) 불만고객응대 요령

아무리 서비스가 좋은 항공사라도 Complaint은 있기 마련이다. 이러한 경우 불만고객을 대하는 기본적인 응대자세에 문제가 있어 상황이 더 악화되는 경우가 있다. 고객의 불만을 응대하는 요령을 알아보도록 한다.

- 고객의 불평, 불만에 대해 우선 '죄송합니다.'라는 사과의 뜻을 표시하는 최초의 응대가 무엇보다 중요하다. 사과의 정도가 충분한지 아닌지 결정하는 것은 고객 자신이다. 이쪽이 정당하더라도 변명과 책임 회피라고 받아들여질 만한 행동은 피해야 한다. 어떠한 상황에서도 고객을 '노여움'의 단계로 몰지 않도록 한다.
- 승객의 말을 중단시키지 말고 끝까지 경청한다. 불만고객을 응대할 때 대립하는 상황으로 이끌어가면 해결의 실마리를 찾을 수 없게 된다. 대립이 아닌 고객의 입장에서 접근하기 위해서는 고객을 이해하는 태도를 보여야 한다. 즉, 고객의 관점에서 상황을 보고 있다는 느낌을 주어 공감대를 형성하고 상

황 호전을 위해 노력할 때 고객의 입장에 있게 되는 것이다.

- 변명하지 말아야 한다. 고객이 대안을 제시할 수 있도록 유도하고, 그것이 여의치 못할 경우 실현 가능한 대안을 제시한다. 가끔 고객의 요구를 확대 해석, 임의 해석하여 사태를 더욱 어렵게 만드는 경우도 생길 수 있으므로 유의해야 한다. 확실치 않으면 "어떻게 해드리면 되겠습니까?"라고 묻는다.
- 비굴한 태도를 취하지 않도록 한다. 쓸데없이 굽실거리거는 등의 태도는 해결방법이 아니다. 고객과 서로 감정적으로 부딪치게 되면 해결이 힘들어지고 서로 불쾌하게 생각하여 문제의 해결까지 쓸데없는 시간을 낭비하게 된다. 불평과 불만이 생기면 대개의 경우 아슬아슬한 말들을 주고받기 쉬우므로 사적인 감정을 자제하고 어떠한 경우에도 부드러운 말씨로 대응한다.
- 잘못을 인정한다. 승무원도 인간이므로 실수나 잘못이 있을 수 있다. 자신의 잘못을 인정하는 것을 수치로 여기지 말고 잘못을 솔직히 인정해야 승객이 공격적 자세를 없애게 된다. 고객을 대하는 자세와 동작도 고객의 입장에 있다는 것을 표현할 수 있는 중요한 요소이다. 고객을 정면으로 대하게 되면 도전적으로 인식하는 경우가 있다. 고객과 같은 눈높이로 시선을 맞추도록 하자. 허리를 굽혀 눈높이를 맞추면 얘기를 잘 듣는 정중한 인상을 줄 수 있을 것이다.
- 승객 불만의 원인이 타 부서의 실수에 기인하더라도 책임을 전가하지 말고 적극적으로 문제를 해결하려는 자세를 보여준다.
- 군중심리 내지 선동적인 언사를 사용할 기미가 보이는 승객은 다른 승객과 분리한다.
- 불만처리 경과는 상사나 선배에게 반드시 보고한다. 경우에 따라서는 상사나 선배와 함께 두 번, 세 번의 사과를 거듭함으로써 처리가 분명해질 수 있다.

승무원은 일반적인 승객의 심리를 이해함으로써 승객의 입장에서 생각하고 행동하여 고객만족과 감동의 서비스를 창출할 수 있어야 한다.

4) 불만처리의 4원칙

원인파악	불평, 불만의 원인, 그 핵심이 어디에 있는지 찾는다.
신속해결	가능한 빨리 문제를 해결한다.
不논쟁	어떠한 경우라도 고객과 말다툼을 해서는 안 된다.
우선사과	고객은 이미 화가 나 있는 상태임을 잊지 않아야 한다.

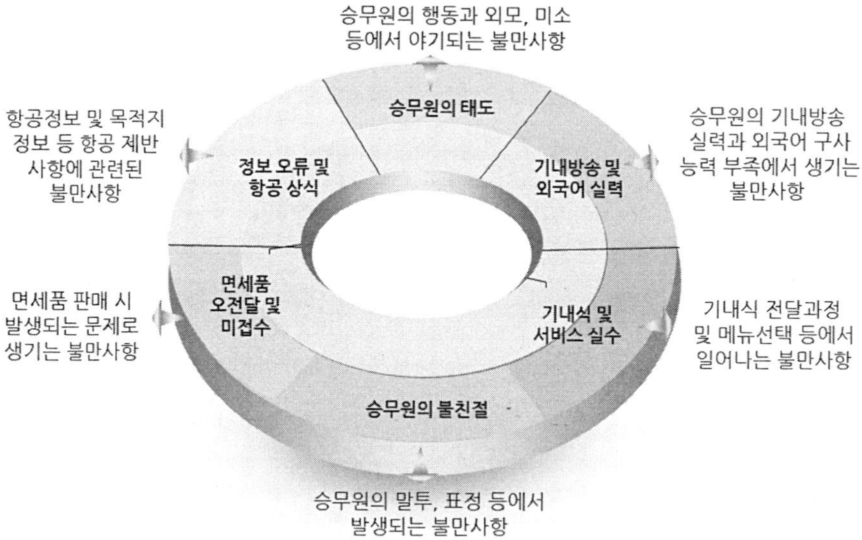

그림 2 고객불만의 이유

사례연구

VOC 직원 태도(표정, 말씨, 대화) 관련 VOC 불만 사례

서비스 자세/응대

좌석 중간에 앉은 저는 승무원이랑 대화가 어려웠는데요, 몸을 조금만 낮추시면 제 얘기가 전달이 잘 되었을 듯한데, **뻣뻣이 서 계시면서 저한테 큰 목소리로 말하라고 종용하는 듯 "네?" , "네?"라고 반복적으로 말씀하시는 응대태도** 불쾌했습니다.
승무원님이 하신 행동은 열심히 근무하는 동료들에 대한 기만이며 더 나아가서는 ㅇㅇ항공 전체의 이미지와 네임밸류가 훼손될까 심히 걱정입니다.
외국인도 많이 타고 대한민국을 대표하는 ㅇㅇ항공이 되기까지 선배들과 동료들의 업적이며, 땀의 결과인데 그들한테 미안하거나 죄스럽지도 않습니까?

서비스 자세/응대

저희 아이 뒷좌석 음료 서비스 해주고 바로 아이 좌석은 패스, 그다음 술인 저랑 신랑을 주는 거예요. 뒤를 돌아보니 아이들이 말은 못하고 저만 계속 음료 안 준다고 해서 제가 아이 줄만 패스된 거 같으니까 물 좀 달라고… 부탁하는 말을 하는데, **끝까지 다 듣지도 않고 중간에 딱 잘라 끊더라고요. 아주 차갑고 도도하게!! 기다리라고 차례차례 순서대로 주겠다고.** 순간 기분이 나빴는데 참았습니다.
근데 계속 안 주고 앞으로 넘어가는 거 같아서 불렀지요. 죄송한데 아이가 물 마시고 싶은데 빠진 거 같다고… **역시나 중간에 말을 또 뚝 자르더니 쏘아붙이던데요?** 순서대로 준다고 기다리라고 왜 재촉하냐고 짜증난다는 말투더라고요.
제가 어이가 없어서 아이 차례 넘어갔다고 하면서 쳐다보니 그 눈빛을 잊을 수가 없네요. **아주 똑바로 눈 크게 뜨고 째려보던데요?**

표정

트레이에 담겨 있던 여러 종류의 주스가 무엇인지 궁금하여, 승무원에게 물어봤습니다.
그랬더니, **짜증내는 표정으로 "구아바주스" 하며, 단답형으로 말하고**, 제가 다시 "그러면 이건 무슨 주스인가요?" 하고 물어보자 "파인애플 주스" 하며, 단답형으로 반말 비슷한 어조로 답하였습니다.
나중에 비행기가 착륙하여, **내릴 때도 입구에서 인사할 때, 허리는 전혀 굽히지 않은 채 고개만 까딱** 움직이면서 인사하는 것이 참 보기 좋지 않았습니다.

대화
제가 펜을 빌려달라고 했더니, 무언가 굉장히 무표정으로 (기본적으로 스튜어디스에게 밝은 미소는 기본이라고 생각합니다.) 기다리라고 하더니 펜을 갖다주면서 **"꼭 돌려주고 가세요"**라고 하는 겁니다. 제가 그 신청서를 열심히 작성하고 있었는데, 옆에 오더니 **"이거 이렇게 한글로 쓰면 걔네가 알아보겠습니까?"**라면서 가는 겁니다. 승무원이라는 사람이 약간은 저속해 보이는 표현으로 일본 공항 측 사람들을 "걔네"라고 표현한 것도 모자라서 저를 가르치려 드는 말투, 저 지금 훈계하신 겁니까? 해외여행이 처음인지라 출입국신고서에 일본어나 영어로 써야 하는지 몰랐었습니다. 그런데 그걸 가지고 무시를 당해야 하는 겁니까? 일류 ○○항공의 스튜어디스라는 분께서 어떻게 고객을 무시하는 행동을 할 수 있는지요? ○○항공 스튜어디스답게 행동하시라고 전해주십시오. [PR/CL 프레스티지승무원 서비스 000/DEC12(HNL/ICN)] 제가 "동생이 지금 몸은 아프지만 정신은 23살 청년이기에 휠체어는 싫다"고 한다고 했습니다. 카트를 준비하겠다고 말했는데, 카트는 준비되어 있지도 않고 "휠체어"가 있었습니다. 그리고 그날의 하이라이트는 사무장님이었습니다. **"휠체어 재밌어요. 한 번 타보세요."**

▶ 종합의견

조명/명단(3–4명)	
불만원인/요약	
올바른 업무요령	
고객의 마음을 바꾸는 서비스 방법	

VOC 실수, 부주의 관련 VOC 불만 사례

Order Skip

제가 귀국편으로 탔던 760편의 스튜어디스들은 정말 불친절하더군요.
먼저 세관신고서를 작성하기 위해 펜이 필요했습니다. 펜을 부탁했더니 귀찮다는 듯이 나중에 가져다드리겠습니다. 해놓고선 깜깜 무소식이더군요.
그래서 다시 갖다달라고 부탁해야 했습니다. 또 기내식을 먹을 때 음료를 제가 앉았던 라인에는 주지 않더군요. 달라고 손을 몇 번이나 들었으나 못 본 건지 못 본 채 한 건지 그냥 지나가더군요.
꼴랑 1시간 비행인데 이렇게 불만사항이 생기는데 장기여행이었더라면 정말 불편했겠다 싶었습니다.
제가 겪은 불친절들은 바빠서라고 이해할 수 있습니다. 하지만 다른 외국인들도 바쁘니까… 하며 이해할까요??
제 모국의 1등 항공사인 ㅇㅇ항공 서비스 교육이 좀 더 필요할 것 같네요.

Order Skip

토론토 출장 일정이 잡혀서 업무를 보고 인천행을 타고 귀국하는 길이었습니다. 깨보니 1시간 반 남아 있더군요.
보통 meal service를 skip하게 되면 노란 스티커 붙여놓죠? 없었습니다.
아직 meal service가 안 되었나? 그러다 콜을 해서 조심스레 여쭤봤습니다. 돌아오는 말은 "못 드셨어요?" 깜짝 놀랍니다.
제가 스티커를 원래 안 붙이나? 그랬더니 실수로 안 붙인 것 같다.… 대책 없이 죄송하다고 합니다. 그냥 넘어갈 수 있지만, 대처방식에 있어 밥 못 먹었냐고 화들짝 놀라 물어보고, 사무장이 와서 계속 죄송하다고 하고 과연 정답이 무엇인지는 모르겠지만 **손님의 입장에서 생각해 보고 어떤 방식으로 대처해야 하는지를 사고하는 서비스 교육이 전혀 되지 않은 부분이라 생각됩니다.**

Late Service

면세품을 구매하기 위해 승무원을 1차 콜했습니다. 중국인 승무원이 와서 구매하고 싶은 면세품을 보여주었습니다.
한참을 망설이더니, 한국인 승무원을 불러준다고 했습니다.
10분을 기다려도 오지를 않더군요. 다시 2차 콜을 했습니다. 한국인 승무원이 와서 다시 구매 요청을 했으나, 승무원은 면세품 판매시간에 판매를 한다고 하더군요.
전 또 기다렸습니다. 면세품 판매는 맨 앞자리부터 판매를 시작했으며, 생각보다 하도 안 오길래 **3차 승무원 콜을 하여 "살 수는 있는 거죠?"**라고 물었고, 해당 승무원은 "구매하실 품목이 있으면 구매 가능합니다."라고 하더군요. 근데 도착 20분 전에… "안전한 착륙을 위해 면세품 판매를 종료하겠습니다." 전 너무 황당해 **4차 콜을 했습니다. "구매 가능하다고 말씀하셨는데, 이게 뭡니까?"**
"시간이 짧아 어렵습니다. 나중에는 사전 주문 신청하시면 되는데, 다음부터는 그렇게 해주세요."

"그래서 구매할 수 있나요? 이 품목인데…" "확인해 보겠습니다." 그러고는 오지도 않았습니다. **5차 콜을 했습니다.** 중국인 승무원이 오더군요. 책자를 보여주며 다시 한번 물었습니다. "이 품목… 구매… 하고 싶다고요.."(꾸마이) **"기다리세요…" (덩이샤…) 이번에도 오질 않았습니다.…**

적극적인 응대 부족

무료 비즈니스석 업그레이드와 더불어 ○○항공 탑승 100회까지 겹쳐 라운지까지 기분 좋게 이용한 다음에 이런 글 올리게 되어 대단히 죄송합니다만, 고쳐야 할 것은 고쳐야 하니 부득이하게 이렇게 글을 올립니다. 주로 ○○항공을 이용합니다. Celestial Bar는 이제껏 모두 대만족이었으나 이번만큼은 매우 실망스럽습니다.

담당자가 문제인데요. Bar가 사무공간인지 서비스공간인지 무색할 만큼… 볼펜이나 계속 끄적이면서, **손님이 와도 쳐다보지도 않고 주문도 안 받더군요.**

5분 정도를 기다렸는데 결국 볼펜 끄적임이 끝나고 나서는 멀뚱멀뚱 먼 곳만 바라볼 뿐 고객이 기다리는 것은 아랑곳하지 않더군요. **기다리다 결국에는 "저기요…" 말을 붙여서 "겨우" 칵테일 한 잔을 얻어먹었습니다.**

근데 이게 한번이 아니라 비행 내내 시종일관 똑같은 자세더군요. 자리에 갔다가 돌아올 때마다 **계속 같은 일이 반복되었는데 정말 해도해도 너무한다 싶더군요.**

▶ 종합의견

조명/명단(3–4명)	
불만원인/요약	
올바른 업무요령	
고객의 마음을 바꾸는 서비스 방법	

면세품 오전달/결제오류

괌으로 출발하여 한국으로 돌아오는 길에 기내 면세점을 이용하였습니다.
주문한 품목은 글랜리벳 에이틴, 초콜릿, 디올, 클라란스 페이스 오일입니다.
글랜리벳 에이틴을 주문하였지만, 가지고 온 물품은 시바스 18년산이었고, 물품을 바꾸어 오신다고 하길래, 클라란스 페이스 오일을 더 주문하였습니다.
금액이 315불이라 하였고 달러로 지불한 후 물품이 오길 기다리고 있었습니다.
영수증에는 $44 클라란스 페이스 오일 대신 385 $100 클라란스 다른 품목이 찍혀 있었습니다. 승무원에게 설명을 하였지만, 사과의 말을 한마디도 하지 않았고, 대신 금액이 바뀔 수 있으니 잠시 기다리라는 답만을 들었습니다.
마지막 사과의 말을 기다렸지만, 그 승무원은 끝내 사과의 말은 한마디도 없었고, 더 받아간 $56와 주문한 물품을 인도하고는 자리를 떴습니다.
만일 영수증을 확인하지 않았다면, 그대로 집으로 돌아왔을 것이고 다시 차액을 돌려받는 번거로움이 있었을 것입니다.

입국서류 등 업무지식 부족

괌 도착 전 입국신고서와 세관신고서를 나눠주고 쓰던 중, 앞에서 오던 승무원은 서류를 모두 줬는데, **뒤에서 오던 승무원이 아내에게 전자여권이 있으면 입국신고서가 필요없다고 하여, 작성하지 않았습니다.**
그런데 입국장에서 전부 입국신고서가 있어야 한다고 해서, 입국장에서 급히 다른 일행까지 7장을 전부 다시 쓰느라고 다들 입국장을 벗어난 후에야 괌에 입국했습니다.
그렇지 않아도 이상해서 전자여권이면 안 써도 되냐고 다시 물어봤을 때도 필요없다고 했는데 전자비자 면제신고인가를 전자여권으로 착각한 모양입니다.
승무원 교육이 어떻게 되었길래 전자여권과 전자비자 면제신고와 구분도 못하고 말을 하는지 이해가 안 되는군요.
저희 가족말고도 다른 가족도 몇 분 급히 입국신고서 쓰느라고 입국심사대까지 갔다가 다시 나온 분들이 있었습니다. 승무원 교육 좀 제대로 시키세요.

▶ 종합의견

조명/명단(3-4명)	
불만원인/요약	
올바른 업무요령	
고객의 마음을 바꾸는 서비스 방법	

함께 생각해 봅시다

올바른 표현법을 생각해 봅시다.	
부정어	**긍정어**
아실 만한 분이 이런 것도 모르세요?	→
손님이 잘못하셨네요.	→
이것은 제 소관이 아닙니다.	→
마음대로 하세요	→
필요한 거 없어요?	→
글쎄요. 확실치는 않아요.	→
이해하시겠어요?	→
안 됩니다.	→
손님의 문제는…	→
내 말 좀 들어보세요.	→
우리는 ______을 금지합니다.	→
그것은 나의 일이 아니에요.	→
손님은 ______을 했어야 합니다.	→
나는 ______을 할 수 없습니다.	→

제 5 장

총괄 서비스 롤 플레이

제5장

총괄 서비스 롤 플레이

1. 국내선 서비스

이 시간은 국내선 전체 업무를 알아보고 국내선 근무 시 전체적인 업무의 흐름을 파악하여 고객을 응대하는 실습을 익히도록 한다.

국내선 비행근무를 위해 다음 사항을 Remind하고 준비한다.

1) 비행 전 학습

비행준비는 객실승무원이 항공기 탑승 전에 수행해야 할 모든 준비업무로서 출근, 비행 사전 학습 등의 절차가 있다.

■ 출근 전 확인사항

- 휴대품
- Appearance Check Time
- Flight Schedule

■ 사전 학습내용

- 기종
- 항공기 장비/시스템

- 비상사태 처리절차
- Door 작동법
- 객실 설비
- 기내서비스
- 목적지 정보

2) 비행 준비

객실승무원은 회사 도착 후 Show-Up Desk에 비치된 Show-Up List에 직접 서명해야 하며 Appearance Check, 브리핑 준비, 객실브리핑, 운항브리핑 등의 절차에 따라 비행 준비를 해야 한다.

■ Appearance Check

객실브리핑 시작 전까지 용모와 복장에 대한 점검을 하고 구두, 앞치마 상태를 반드시 확인한다.

■ 객실승무원 필수 휴대품

- 여권 및 비자
- 직원신분증(ID Card)
- 안전훈련이수증

■ Show Up

Show Up 시에는 비행근무를 위한 용모, 복장을 갖춘 상태여야 하며 반드시 본인이 실시해야 한다.

■ 객실브리핑

객실브리핑 참석 전 객실사무장 이름과 자신에게 할당된 Duty, 해당편 Briefing Sheet 내용, 업무지사와 공지사항, 필수휴대품 등을 확인한다. 객실브리핑이 실시되는 장소와 시간에 맞춰 브리핑을 실시한다.

• 객실브리핑은 지정된 장소에서 실시하며 국내선은 1시간 20분 전에 시작한다.

■ Crew Baggage

객실승무원의 기내 반입 휴대 수하물은 회사가 지급한 Flight Bag과 Hanger로 제한하며 그 밖의 모든 짐은 승무원 전용 탁송 카운터에서 탁송해야 한다.

■ 합동브리핑

합동브리핑은 기장들과 함께 운항정보에 대한 정보를 공유하는 것으로, 장소는 지정된 합동브리핑실에서 50분 전에 실시한다.

3) 지상업무

지상업무는 객실승무원 소지품 보관, 비상/보안장비 점검, 서비스 장비 및 시스템 점검, 기내서비스를 위한 각종 Item 점검 등의 Pre-Flight Check와 승객탑승 후 이륙 전까지 이루어지는 서비스 준비업무를 말한다.

4) 국내선 객실서비스 순서

(승객탑승, 이륙 전 서비스, 비행 중 서비스, 착륙 전/후 서비스)

시점	서비스 및 근무절차	기내방송
승객탑승	• 신문서비스 환영인사 및 좌석안내 • Ship Pouch 인수 및 탑승객 수 확인 • Door Close 통보(사무장)	• Baggage
Door Close & Push Back	• Safety Check 방송(사무장) • Push Back 준비완료 통보(사무장) • 승무원 인사(전 승무원) • Music Off • 안전시연(Safety Demonstration) • 이륙준비 Light Control • Take Off 준비 완료 통보(사무장)	• Safety Check • Welcome • Safety Demo • Take Off

Take-Off & Fasten Seat Belt Sign Off	• 음료 카트 준비(신문 Refill) • 음료서비스 실시 • 음료 Refill 및 Used Cup 회수 • Walk around & Personal Touch • Farewell 인사 • 착륙준비	• Seat Belt 상시 착용 방송(사무장) • Approaching • Landing
Approaching Sign & Landing Sign	• Boarding Music On • Safety Check 방송(사무장) • 착륙준비 Light Control	• Farewell • Safety Check
Door Open	• Ship Pouch 인계 • 승객하기 인사 및 협조 • 잔류승객 및 유실물 유무확인 • 기내점검	

■ 순서별 기내대화 연습

Welcome 인사

- 안녕하십니까? 어서 오십시오. 좌석을 안내해 드리겠습니다. 이쪽으로 들어가십시오.
- 어서 오십시오. 탑승권을 보여주시겠습니까? 손님 좌석은 뒤쪽입니다.
- 안녕하십니까? 탑승을 진심으로 환영합니다. 손님 좌석은 건너편 뒤쪽입니다.
- 조금만 들어가시면 다른 승무원이 안내해 드릴 겁니다.

좌석안내

- 안녕하십니까? 어서 오십시오. 좌석을 안내해 드리겠습니다. 이쪽으로 들어가십시오.
- 어서 오십시오. 탑승권을 보여주시겠습니까? 손님 좌석은 뒤쪽입니다.
- 안녕하십니까? 탑승을 진심으로 환영합니다. 손님 좌석은 건너편 뒤쪽입니다.

- 조금만 들어가시면 다른 승무원이 안내해 드릴 겁니다.

유아동반 승객

- 어서 오십시오. 아기가 참 예쁘군요.
- 제가 유모차를 분리해 보관해 드릴 테니 아기를 안아주시겠습니까?
- 유아용품이 준비되어 있으니 필요하시면 언제라도 말씀해 주십시오.
- 안녕하십니까? 어서 오십시오. 짐은 제가 들어드리겠습니다. 손님 좌석은 이쪽입니다.
- 유아용 요람이 준비되어 있으니 필요하시면 안전을 위해 이륙 후 장착해 드리겠습니다.
- 유모차는 접어서 뒤쪽 공간에 놓아드리겠습니다. 그리고 내리시기 전에 제가 잊지 않고 가져다드리겠습니다.

Baggage Handling

- 손님, 죄송합니다만 안전을 위해 술병은 좌석 밑에 보관해 주시겠습니까? 감사합니다.
- 손님, 깨지기 쉬운 술병은 좌석 밑에 보관해 주시겠습니까?
- 안쪽으로 밀어 넣으시면 발 뻗으시는 데 별 불편함이 없으실 겁니다.

신문서비스

- 손님, 일간지와 경제신문이 있습니다. 어떤 신문을 보시겠습니까?
- 손님, 죄송합니다만 마침 ㅇㅇ일보가 전부 서비스되었습니다. 대신 △△신문은 어떠십니까? 보고 계시는 동안 여분의 ㅇㅇ신문이 있는지 다시 확인해 보겠습니다.
- 제가 독서등을 켜드리겠습니다.

이륙준비

- 손님, 좌석벨트 매주시겠습니까? 저희 비행기 곧 이륙하겠습니다. 그리고 비행 중에도 갑작스런 기류변화에 대비하여 벨트를 가볍게 매주시기 바랍니다.
- 손님과 아기의 안전을 위해 아기는 벨트 밖으로 안아주시겠습니까? 감사합니다.
- 실례합니다만, 저희 비행기는 곧 이륙할 예정이니 등받침을 세워주시겠습니까? 비상시에 대비하여 좌석을 원위치에 두는 편이 더 안전합니다.
- 손님, 다소 불편하시더라도 손님과 뒤편 손님의 안전을 위하여 이륙할 때에는 등받침을 세워주시겠습니까? 이륙 후에는 다시 젖혀도 괜찮습니다. 협조해 주셔서 감사합니다.
- 이곳은 비상시에 탈출구로 사용되는 출구이므로 항상 정리되어 있어야 합니다. 괜찮으시다면 짐을 다른 곳에 보관해 드리면 어떻겠습니까?
- 손님 곧 비행기가 이륙합니다. 지금은 화장실을 이용하실 수가 없습니다. 비행기가 완전히 고도에 이르면 그때 사용해 주십시오. 감사합니다.

지연출발

- 손님, 지금 정비상의 이유로 출발이 잠시 지연되고 있습니다. 대단히 죄송합니다. 잠시만 기다려주시겠습니까? 곧 안전하게 출발할 수 있을 겁니다. 기다리시는 동안 시원한 음료수라도 드시겠습니까? 불편을 끼쳐드려 죄송합니다.
- 항공기 정비관계로 지연되고 있습니다. 대단히 죄송합니다. 정비사가 최선을 다하고 있으니 곧 연락이 있을 겁니다. 무엇보다도 손님 여러분을 더 안전하게 모시기 위한 것이니 너그러운 이해 부탁드립니다.
- 죄송합니다. 출국 수속 중에 있는 다른 승객을 기다리느라 출발이 잠시 지연되고 있습니다. 곧 출발할 수 있을 것으로 생각됩니다 잠시만 더 기다려주시겠습니까?

음료서비스

- 손님, 음료 준비해 드리겠습니다. 오렌지주스 여기 있습니다. 맛있게 드십시오.
- 손님, 음료 드시겠습니까? 오렌지주스와 토마토주스, 물, 콜라가 있으며 따뜻한 음료에는 커피와 녹차가 있습니다. 어떤 음료로 하시겠습니까? 커피는 설탕과 크림이 필요하십니까? 여기 있습니다. 뜨거우니 조심해서 드십시오.

음료를 엎질렀을 때

- 대단히 죄송합니다. 손님, 옷이 많이 젖으셨습니까? 닦을 만한 것을 가져다 드리겠습니다. 다시 한 번 사과드립니다. 이것은 저희 회사에서 발행하는 세탁권입니다. 공항청사 내 ㅇㅇ항공 카운터에 제시하시면 10불을 보상받으실 수 있습니다.
- 저의 부주의로 인해 불편을 끼쳐드려 대단히 죄송합니다. 옷이 많이 젖으셨습니까? 제가 곧 닦아드리겠습니다.

Taxing 중

- 손님, 죄송합니다만 위험하오니 좌석에 앉아서 기다려주시기 바랍니다.
- 손님, 죄송합니다. 안전을 위해 비행기가 완전히 정지할 때까지 좌석에 앉아서 기다려주시겠습니까? 감사합니다.
- 손님, 비행기가 이동 중일 때 서 계시면 위험합니다. 갑자기 속도를 줄이거나 멈추게 되면 다칠 수도 있으니 비행기가 완전히 멈출 때까지 잠시만 기다려주십시오.

Farewell 인사

- 손님, 안녕히 가십시오. 감사합니다.
- 오시면서 불편한 점은 없으셨습니까? 감사합니다.
- 편안한 여행되셨습니까?(편히 오셨습니까?)
- 귀국하실 때까지 즐거운 여행하시고 건강하게 지내시기 바랍니다.
- 감사합니다. 여행은 어떠셨습니까? 다음에 또 뵙겠습니다. 안녕히 가십시오.
- 편안한 여행이 되셨습니까? 불편한 점은 없으셨습니까? 즐거운 여행되시길 바랍니다.

■ Domestic Cabin Service Procedure 대화

(1) Ground Service

승객 탑승 시 밝은 미소와 활기 띤 어조로 환대의 마음을 나타내는 것이 중요하다. 특히 승객 탑승 중에는 도울 일이 없는지 적극적인 응대자세로 고객을 맞이해야 한다.

승객 탑승

승무원: 안녕하십니까?(어린이: 안녕하세요?)
어서 오십시오. 탑승권을 보여주시겠습니까?
손님 좌석은 왼쪽 뒤편입니다.

승 객: 부산 가는 비행기 맞아요?

승무원: 네. 맞습니다(비/눈이 와서 미끄럽습니다. 조심히 올라오십시오.)
문턱이 미끄러우니 조심하십시오. 탑승권을 보여주시겠습니까?
손님 좌석으로 안내해 드리겠습니다.

▨ **탑승 지연 시 응대방법**

승무원: 어서 오십시오. 탑승지연으로 오랫동안 기다리셨습니다.

▨ **좌석안내**

승　객: 좌석을 잘 모르겠어요.

승무원: 탑승권을 보여주시겠습니까? 제가 안내해 드리겠습니다. 이쪽으로 오십시오. 손님좌석은 31A번이고 창 측입니다. 가지고 계신 짐은 깨지는 물건이 아니면 선반 위에 올려 드리겠습니다.

▨ **기내온도 문의**

승　객: 기내가 더운 것(추운 것) 같습니다.

승무원: 알겠습니다. 제가 온도를 확인해 보고 조절하도록 하겠습니다. 잠시 후 이륙 후에는 곧 시원해질 겁니다. 그동안 시원한(따뜻한) 생수(담요)라도 가져다드릴까요?

Reading Material Service

승　객: 신문 좀 볼 수 있을까요?

승무원: 네. 어떤 신문으로 보시겠습니까? 말씀하신 ㅇㅇ신문 여기 있습니다.
즐거운 여행 되십시오.

▨ **승객이 원하는 신문이 없을 때**

승무원: 죄송합니다만, OO신문은 지금 모두 서비스되었습니다. 대신 __일보는 어떠십니까?
보고 계시는 동안 여분의 OO일보가 있는지 다시 한 번 확인해 보겠습니다.
괜찮으시면 다른 손님이 보신 신문이라도 가져다드리겠습니다.
잠시만 기다려주시겠습니까? 그동안 ____ 잡지라도 보시겠습니까?

Seat Belt Check

승무원: 실례합니다만 손님, 저희 비행기는 곧 이륙할 예정입니다.
좌석벨트를 매주시겠습니까?

승　객: 좌석벨트를 어떻게 매는 거지요?

승무원: 제가 도와드리겠습니다. 이렇게 매시면 됩니다. 그리고 풀 때는 버클을 위로 당겨 푸시면 됩니다.

승　객: 그런데 아기는 어떻게 매죠?

승무원: 네. 손님께서 아기와 함께 좌석벨트를 매지 마시고 손님께서만 좌석 벨트를 매시고 그 위로 아기를 안으시면 됩니다. 좌석벨트 표시등이 꺼질 때까지 아기는 꼭 안고 계시기 바랍니다. 아기와 함께 벨트를 매시면 아이에게 엄마의 체중이 실리게 되어 무척 위험합니다.

▨ 유아용 벨트가 있는 경우

승무원: 여기 유아용 좌석벨트가 있으니 사용하시기 바랍니다.
사용방법은 이렇게 하시면 됩니다. 아기가 참 귀엽네요. 다른 도와드릴 일은 없습니까?
불편한 사항이 있으시면 언제든지 말씀해 주시기 바랍니다.

Take-Off 준비

승무원: 비행기가 이륙한 후에 테이블을 사용해 주시겠습니까? 이착륙 시나 비행기 급제동 시에 다치실 우려가 있습니다. 죄송합니다만 테이블과 좌석 등받이를 제자리로 세워주시겠습니까? 저희 비행기는 곧 이륙할 예정입니다. 좌석벨트를 매주십시오.

▨ 항공기 비상구 및 통로

승무원: 죄송합니다만 이 짐은 손님의 짐이십니까?
승　객: 네. 그런데요.
승무원: 이곳 비상구 출구는 손님 여러분의 안전을 위해 항상 비워져 있어야 합니다.
불편하시더라도 좌석 밑이나 머리 위 선반으로 짐을 넣어주시겠습니까?
승　객: 둘 곳이 없어서 그래요.

승무원: 그럼 이 짐을 뒤쪽에 보관해 드릴 테니 내리시기 전에 꼭 확인하십시오.
승　객: 네. 그렇게 해주세요.
승무원: 네. 잘 알겠습니다. 도착 후 바로 가져다드리겠습니다. 혹시 내리실 때 잊지 않도록 꼭 확인 부탁드립니다. 혹시 귀중품이나 깨질 물건은 없습니까?

(2) In-Flight Service

비행 중 서비스되는 음료 등을 적극적으로 서비스하고 세련된 매너와 적절한 대화 등을 할 수 있도록 한다. 정보 전달 시에는 승객이 신뢰감을 가질 수 있도록 정확하고 자신감 있게 전한다.

Take-Off 후 Seat Belt 착용 방송

승　객: 비행기가 많이 흔들리는 모양이죠?
승무원: 아닙니다. 목적지까지 가는 동안의 기상상태는 매우 좋습니다만, 혹시 예기치 못한 비상상황에 대비하여 손님을 보다 안전하게 모시기 위해서입니다. 비행기가 이륙한 후에도(좌석벨트 표시등이 꺼진 후에도) 가끔 갑작스러운 기류 변화로 흔들리는 경우도 있으니 가급적 착석 중에는 약간 느슨하게 좌석벨트를 가볍게 매고 계시기 바랍니다.

▨ 서비스되지 않는 음료를 승객이 주문할 경우

승　객: 망고주스 있습니까?
승무원: 죄송합니다만, 망고주스는 준비되어 있지 않습니다. 대신 오렌지주스는 어떠십니까? 그 밖에도 콜라, 생수, 커피도 있습니다, 어느 것으로 드시겠습니까?
승　객: 그냥 오렌지주스 주세요.
승무원: 네. 알겠습니다. 곧 가져다드리겠습니다. 혹시 다른 필요하신 것은 없으십니까?

Used Cup Collection

승무원: 음료 한 잔 더 드시겠습니까?
컵을 치워드려도 되겠습니까?
다른 필요하신 것은 없습니까?
치워드리겠습니다.

Reading Light Service

승무원: 실례합니다. 손님 제가 독서등을 켜드릴까요?

▨ Reading Light 조작이 서툰 승객에게

승무원: 손님 제가 켜드리겠습니다. 이렇게 누르시면 됩니다.(다시 누르시면 꺼집니다.) 즐거운 시간 보내십시오.

(3) After Landing

감사와 즐거운 여행의 표현이 담긴 대화와 함께 미소 띤 얼굴로 승객에게 자연스럽게 인사해야 한다.

Taxing 중 이동승객 응대(1)

승무원: 죄송합니다만 비행기가 이동 중이라 위험합니다. 좌석에 앉으셔서 안전하게 정지할 때까지 잠시만 기다려주시겠습니까? 협조해 주셔서 감사합니다. 안전을 위해 비행기가 완전히 정지할 때까지 좌석에 앉아서 기다려주시기 바랍니다.

Taxing 중 이동 승객 응대(2)

승무원: 아직 비행기가 이동 중입니다. 비행기가 완전히 정지하고 저희 승무원들이 안내해 드릴 때까지 자리에 앉아서 잠시만 기다려주십시오. 협조해 주셔서 감사합니다.

Farewell(1)

승무원: 감사합니다. 안녕히 가십시오. 돌아오실 때까지 즐거운 여행하시고 건강하게 지내시길 바랍니다. 다음에 다시 만나뵙게 되기를 바랍니다.

Farewell(2)

승무원: 오시면서 불편하신 점은 없으셨습니까? 편안한 여행 되셨습니까? 긴 시간이라 많이 힘들지는 않으셨는지요. 즐거운 여행되십시오.

(4) 그 밖의 서비스 대화

승객의 Door Side 점유

승무원: 죄송합니다만 이곳은 비상탈출구역으로 승무원이 착석하는 곳입니다. 불편하시더라도 손님 좌석에서 쉬어주시기를 부탁드립니다. 제가 따뜻한 차 한 잔 가져다드리겠습니다.

이 안에는 비상시 사용할 미끄럼대가 장착되어 있습니다. 이곳에 앉으시면 이 탈출장비가 고장이 날 수 있습니다. 손님 좌석으로 돌아가주시겠습니까?

이착륙 중 서비스 요구

승무원: 네. 손님 잘 알겠습니다.
비행기가 이륙(착륙)한 후에 곧 가져다드리도록 하겠습니다.
기다려주셔서 감사합니다.

Seat Duplication(좌석 중복)

승무원: 대단히 죄송합니다. 저희 항공사 실수로 불편을 끼쳐드리게 되었습니다. 이곳에서 잠시만 기다려주시기 바랍니다. 제가 곧 알아봐드리겠습니다. 좌석 배정에 착오가 생긴 것 같습니다. 잠시만 기다려주시면 확인 후 좌석을 옮겨드리도록 하겠습니다. 불편을 끼쳐드려 대단히 죄송합니다. 오래 기다리셨습니다.
제가 좌석으로 안내해 드리겠습니다. 이쪽으로 오시겠습니까? 32C 통로측 좌석이 비었습니다. 괜찮으시다면 제가 그 자리로 안내해 드리겠습니다.

다른 좌석에 앉은 승객

승무원: 실례합니다. 손님. 탑승권을 보여주시겠습니까?
이 손님께서도 같은 자리를 받아오셨는데 제가 탑승권을 확인해 드리겠습니다.
손님 좌석은 바로 한 칸 뒤입니다.
제가 짐을 옮겨드리겠습니다. 이쪽으로 오시겠습니까?

승 객: 혹시 다른 좌석은 없어요?

승무원: 아직 승객들의 탑승이 끝나지 않았습니다. 탑승이 끝난 후에 빈자리가 있는지 제가 알아봐드리도록 하겠습니다.
죄송합니다만 지금은 원래 좌석으로 돌아가서 앉아주시기 바랍니다.
감사합니다.

음료를 엎질렀을 때

승무원: 대단히 죄송합니다. 제가 닦아드리겠습니다. 정말 죄송합니다.
이것은 저희 회사에서 발급하는 세탁권입니다.
저희 항공사 지점이나 카운터에 제시하시면 금액을 보상받으실 수 있습니다.
다시 한 번 정말 죄송한 사과 말씀 드립니다.

술병을 Overhead Bin 위에 올리는 승객

승무원: 대단히 죄송합니다만 술병을 선반 위에 겹쳐 올리면 떨어질 염려가 있으나 좌석 밑에 보관해 주시겠습니까? 감사합니다. 즐거운 여행되시기 바랍니다.
안쪽으로 밀어 놓으면 발을 뻗는 데 불편함이 없으실 겁니다.

유아동반 승객

승무원: 어서 오십시오. 아기가 참 예쁘네요. 제가 유모차를 보관해 드리겠습니다.
기내에 유아용 요람이 준비되어 있으니 필요하면 말씀해 주십시오.
장착은 이착륙 단계의 안전을 위해 이륙 후 설치해 드리도록 하겠습니다.
내리실 때는 찾아가실 수 있도록 준비해 드리겠습니다.
그리고 기내에 아기 기저귀, 분유, 젖병 등이 준비되어 있으니 필요하신 것이 있으면 언제든지 말씀해 주십시오.

지연 출발

승무원: 저희 비행기는 정비상의 문제로 출발이 잠시 지연되고 있습니다.
죄송합니다만, 잠시만 기다려주시겠습니까?

기다리시는 동안 시원한 음료수 한 잔 드시겠습니까?

승무원: 항공기 정비관계로 잠시 지연되고 있습니다. 대단히 죄송합니다.

안전을 위한 조치이니 양해해 주시기 바랍니다.

기다리시는 동안 시원한 음료 한 잔 하시겠습니까?

■ 상황별 경어 사용법

상황	적절한 경어
고객을 기다리게 할 때	"죄송합니다만, ○○○한 사유로 지금은 ○○○을 해드리기가 힘듭니다. 잠시만 기다려주시겠습니까?"
주문받은 내용을 늦게 서비스할 때	"오래 기다리셨습니다."
	"오래 기다리게 해서 죄송합니다."
고객에게 부탁해야 할 때	"죄송합니다만, ○○○해 주시겠습니까?"
	"○○○을 부탁드려도 되겠습니까?"
승객의 이름을 확인해야 할 때	실례합니다만 ○○○손님이십니까?
	"성함을 여쭤봐도 되겠습니까?"
승객이 말한 내용을 확인해야 할 때	"죄송합니다만 한 번 더 말씀해 주시겠습니까?"
	"다시 한 번 말씀해 주시겠습니까?"
	"죄송합니다만, 잘 못 들었습니다."
상대방의 의견을 물을 때	"어떠시겠습니까?"
승객의 질문에 대해 답변할 수 없을 때, 모를 때, 즉시 대답할 수 없을 때	"죄송합니다만, 잘 모르겠습니다."
	"지금 바로 알아봐드리겠습니다."
	"지금 당장 답변드리기가 힘들지만, 제가 다시 알아봐드리겠습니다."
승객에게 무리한 부탁을 받았을 때	"지금은 다소 곤란합니다만, 곧 알아봐드리겠습니다."
	"죄송합니다. ○○은 곤란합니다. 다른 ____은 어떠십니까?"
	"그렇게 하기는 곤란한 일입니다만 알아보겠습니다." (직접적인 표현은 삼가고 우회적인 말을 사용한다. 감정의 대립이 생기지 않도록 반드시 대안을 제시한다.)

■ 순서별 실습 Role Play

시점	상황
이륙 전 서비스	이 자리 어느 쪽으로 가야 돼요?
	제 일행과 떨어졌는데요.
	제 자리에 다른 사람이 앉아 있는데요.
	유아동반 승객
	스포츠신문 있나요?(소진 시)
	휴대전화를 사용하시는 고객(Taxing 중)
	화장실이 급해요.(Taxing 중)
비행 중 서비스	기내에 없는 음료수를 주문했을 경우
	음료를 엎질렀을 경우
	몸이 불편해서 약(멀미약, 진통제, 소화제 등)을 찾으시는 승객
	기내가 덥거나 춥다고 하는 승객
	담요를 요청하시는 승객
	담배를 피우고자 하는 승객
	승무원에게 명함을 주시는 승객
	귀가 아프다고 하는 승객

2. 국제선 서비스

국제선 업무절차를 전체적으로 Remind하여 국제선 근무에 필요한 이륙 전 업무, 음료카트실습 차림, Wine/Hot Bev 서비스 실습, Meal 서비스 실습을 중심으로 기본 원칙에 입각하여 승객이 편안하고 안전한 서비스를 느낄 수 있도록 실습해 보도록 한다.

1) 이륙 전 업무실습

■ 국제선 이륙 전 업무절차 개요

■ 조별 실습

- 승객탑승 전 업무
- 환영인사 및 좌석안내
- 승객수하물 보관안내
- Reading Material 서비스
- 이륙준비

■ 피드백

▶ ______________________________

____

____

____

____

2) Menu book/ Towel 서비스 실습

▶ ______________________________

____

3) 음료 카트 서비스 실습

■ 카트 차림 실습

- Standard 탑재상태 파악
- 각종 음료 Check
- 서비스 기물 준비
- 원상태로 정리

■ 조별 실습

- Serving 카트를 이용한 Standard 음료서비스
- Tray를 이용한 음료서비스

■ 피드백

▶

4) Wine/Hot Bev 서비스 실습

■ Wine 서비스 요령

■ Hot Beverage 준비 및 서비스 요령

■ 피드백

▶ ___

___

___

___

___

5) Meal 서비스 실습

- 서비스 준비사항
- Entree Heating 및 Tray Setting
- Wine 준비
- Cart 상단 Setting(중장거리 노선/ 단거리 노선)

■ 조별 실습

- 서비스 진행방향/2nd 서비스 시 반대방향 진행
- Seat Table Open
- Order Taking 요령
- Meal Tray 서비스 요령(중장거리 노선/ 단거리 노선)
- Wine, Water 서비스/ Refill 서비스 요령
- Meal Tray 회수 준비/ 회수 요령/ 주의사항

■ 피드백

▶ ___

___

___

___

___

■ International Cabin Service Procedure 대화

(1) Ground Service

승객 탑승 시 밝은 미소와 활기 띤 어조로 환대의 마음을 나타내는 것이 중요하다. 특히 승객 탑승 중에는 도울 일이 없는지 적극적인 응대자세로 고객을 맞이해야 한다.

통과여객 탑승 응대

승무원: 어서 오십시오. 오랫동안 기다리셨습니다. 많이 지루하지는 않으셨습니까?

승 객: 신문 좀 주세요.

Reading Material Service

승무원: 네. 어떤 신문으로 드릴까요? 말씀하신 ㅇㅇ신문 여기 있습니다. 혹시 잡지는 필요하지 않으십니까?

(2) In-Flight Service

Towel Service

승무원: 타월 서비스해 드리겠습니다. 타월이 뜨거우니 조심하시기 바랍니다.

Aperitif Service

승무원: 손님, 주스류, 칵테일, 위스키, 코냑 등이 준비되어 있습니다.
식사 전에 음료수 한 잔 드시겠습니까?

승 객: 칵테일은 어떤 것이 있습니까?

승무원: 진토닉, 스크루드라이버 등이 있습니다. 그 외에도 손님께서 드시고 싶은 칵테일을 말씀해 주시면 정성껏 만들어드리겠습니다.

승 객: 잘 모르겠는데요. 아무거나 주세요.

승무원: 식사 전에 입맛을 돋우는 데는 스크루드라이버가 괜찮을 것 같습니다. 음료 여기 있습니다. 맛있게 드십시오.

기내식 서비스

승무원: 손님, 식사 준비됐습니다. 테이블 펴주시겠습니까?

승 객: 메뉴가 뭐죠?

승무원: 비빔밥과 생선요리가 있습니다.

승 객: 생선은 어떤 종류입니까?

승무원: 나임허브로 향을 낸 대구구이 요리입니다. 맛이 담백한 흰살 생선 요리입니다.

승 객: 한식을 먹고 싶은데요.

승무원: 그럼 비빔밥 어떠십니까? 비빔밥 준비해 드리겠습니다. 식사와 함께 음료는 어떤 것으로 하시겠습니까? 식사와 함께 와인 한 잔 하시겠습니까? 맛있게 드십시오.

▨ 맥주를 마시는 승객응대

승무원: red wine과 white wine이 준비되어 있습니다. 쇠고기와 잘 어울리는 red wine 한 잔 하시겠습니까? 다른 필요하신 것은 없으십니까? 맛있게 드십시오.

▨ 주문식사가 소진되었을 때

승무원: 대단히 죄송합니다. 마침 비빔밥이 모두 서비스되었습니다.
대신 호주 청정지역에서 생산된 소고기 스테이크는 어떠십니까?
아침식사에는 꼭 원하시는 식사를 드실 수 있도록 먼저 주문을 받도록 하겠습니다.
죄송합니다만 손님께서 주문하신 ○○○이 모두 소진되었습니다.
잠시 기다려주시면 여유분이 있는지 확인해 보겠습니다.

Tray Collection

승무원: 맛있게 드셨습니까? 식사는 어떠셨습니까? 치워드려도 되겠습니까?

더 필요하신 것은 없는지요. 조금밖에 못 드셨네요.

혹시 어디 불편하신 데라도 있으십니까? 다른 필요하신 것은 없습니까?

혹시 필요하신 사항 있으면 언제든지 말씀해 주시기 바랍니다.

Entry Document Service

승 객: 승무원, 입국 시 세관규정이 어떻게 됩니까?

승무원: 네. 술 0병, 담배 0보루, 향수 0온스까지는 면세 혜택을 받으실 수 있습니다.

비거주자인 경우 미화 0달러에 상당하는 그 밖의 물품은 추가로 반입이 허용됩니다.

승 객: 액수가 조금 초과된 것 같은데 어떻게 됩니까?

승무원: 조금 추가된 부분에 대해서는 대체로 면세범위로 허용되는 예도 있습니다만, 규정은 면세범위가 초과된 물품에 대해 00퍼센트 세금을 내도록 되어 있습니다.

여기 신고서 뒷면에 통관금지 물품이 없는지 살펴보시고 내용물의 총 가격이 미화 00달러 이상일 경우는 세관신고서 뒷면에 기입하셔야 합니다.

작성하면서 궁금하신 사항이 더 있으시면 언제든지 말씀해 주십시오.

입국에 필요한 자세한 사항은 잠시 후 방송을 통해 안내해 드릴 예정이니 참고하시기 바랍니다.

In-Flight Sale Service

승무원: 필요하신 물건 있습니까? 면세품 판매입니다. 주류, 담배, 향수 등이 있습니다.

승 객: 지금 주문해도 될까요?

승무원: 예. 지금 주문하셔도 됩니다.

승 객: 샤넬 향수 있습니까?

승무원: 예. No.5와 No.19 두 종류가 있습니다. 어느 것으로 하시겠습니까?

승 객: 작은 것이 몇 번이죠?

승무원: No. 5를 말씀하시는군요. 죄송합니다만 지금 여기에는 남은 물건이 없습니다만 곧 확인해서 알려드리겠습니다. 손님, 죄송합니다만 재고가 없습니다. 선물하실 분이 젊다면 No.19도 좋습니다만 어떠십니까?

▨ 주문(복창) 확인과 다른 주문의 여부

승무원: ㅇㅇㅇ위스키 두 병 주문하셨습니다. 또 다른 필요하신 물건은 없습니까?

▨ 지불 통화 확인

승무원: 계산은 무엇으로 하시겠습니까? 원화(미화)로 하시겠습니까? 죄송합니다만 이곳 현지 화폐는 저희 항공사에서 받고 있지 않습니다.

▨ 합계금액 설명

승무원: 전부 00원입니다. 미화로는 00달러입니다.

▨ 대금 수수

승무원: 100달러 받았습니다. 술 두 병, 담배 한 보루 여기 있습니다. 감사합니다.

▨ 거스름돈 확인

승무원: 거스름돈 00달러입니다. 감사합니다.

In-Flight Movie & Rest(1)

승　객: 승무원, 오늘 상영하는 기내영화 제목이 뭐죠?

승무원: 오늘 상영될 영화는 모두 네 편입니다.
처음 서비스되는 영화는 디즈니사가 제작한 ○○이고 또 한 편은 파라마운트사가 제작한 ____입니다.

승　객: ○○는 내용이 어떤 거죠?

승무원: 액션 모험 영화입니다. 자세한 내용은 기내 잡지○○○에 설명되어 있습니다.
제가 페이지(해당란)를 찾아드리겠습니다.

승　객: 언제쯤 시작합니까?

승무원: 앞으로 약 2시간 후에 상영될 예정입니다. 상영하기 전에 방송으로 안내해 드리겠습니다.

In-Flight Movie & Rest(2)

승무원: 손님, 잠시 후에 기내영화를 상영할 예정입니다. 죄송합니다만, 창문 커튼을 내려주시겠습니까?

승　객: 아이가 창밖을 내다보고 싶어 하네요.

승무원: 그럼 주변 승객들이 영화를 볼 수 있도록 조금만 열어두면 어떻겠습니까?

승　객: 네, 그렇게 할게요.

승무원: 감사합니다. 아이가 참 똘똘하게 생겼습니다. 호기심이 많을 것 같군요.(지루한가 보군요) 아이가 가지고 놀 장난감(퍼즐)이 있는데 가져다 드리겠습니다.
실례합니다. 손님 잠시 후에 영화를 상영할 예정입니다. 곧 객실 조명을 끌 예정입니다.
제가 독서등을 켜드릴까요?

Cabin Patrol(Walk Around) & Refreshment(1)

승　객: 여기 맥주 좀 더 가져다주세요. 잠을 자야 하는데 잠이 오지 않는군요.

승무원: 네, 잘 알겠습니다. 손님, 편히 쉬실 수 있으면 좋으실 텐데요.

승　객: 맥주 몇 잔 마셔도 잠이 오지 않아 걱정입니다.

승무원: 우선 담요로 발을 따뜻하게 하면 훨씬 도움이 되실 겁니다.

승　객: 고마워요. 그렇게 해보죠.

승무원: 맥주보다 다른 음료를 제가 한 번 만들어드릴까요?
여기 이 음료는 뜨거운 물에 코냑과 레몬즙을 조금 넣은 것인데, 따뜻할 때 천천히 드셔보십시오.

▨ 만취승객의 술 요구

승무원: 손님, 기내에서의 지나친 음주는 지상과 달리 체내 흡수가 빨라 피로를 가중시킵니다. 조금 주무시고 나중에 다시 드시면 어떻겠습니까?

승무원: 술을 많이 드신 것 같습니다. 기내는 지상보다 빠르게 취하니 그만 드시는 것이 좋을 것 같습니다. 대신 시원한 물이나 커피, 따뜻한 차 한 잔 어떠십니까?

Cabin Patrol(Walk Around) & Refreshment(1)

승무원: 실례합니다. 혹시 도와드릴 일은 없습니까?

승　객: 조금 지루한데요. 얼마나 더 남았죠?

승무원: 앞으로 7시간 정도만 가시면 됩니다. 기내에서 읽으실 수 있는 서적을 비치하고 있습니다. 읽어보시겠습니까?

승　객: 어떤 작품들이 있습니까?

승무원: 제가 안내서를 가져다드리겠습니다. 필요하신 책이 있으시면 언제든지 말씀해 주십시오.

승무원: 편히 쉬셨습니까? 곧 아침식사를 준비해 드리겠습니다.
식사하시기 전에 음료 한 잔 드시겠습니까?

(3) Landing 후 상황별 대화

승무원: 장거리 여행하시느라 피곤하시지요?
(오시는 데 불편한 점은 없으셨습니까? 장거리 비행에 힘드셨지요?)

승 객: 괜찮아요, 덕분에 잘 왔어요.

승무원: 감사합니다. 두고 내리시지 않도록 (잊으신 물건은 없는지)
귀중품은 다시 한 번 확인해 주시기 바랍니다.

승무원: 감사합니다. 안녕히 가십시오. (감사합니다. 안녕히 다녀오십시오.)
함께해 주셔서 감사합니다. 즐거운 여행되십시오.
장거리 여행에 피곤하시지요?
다시 만나뵙기를 진심으로 바랍니다.

김민수 · 박소연 · 전애은 · 박혜윤, 항공사 객실서비스 롤플레이, SAROMI, 2013.

대한항공, 객실승무원 업무규정집 Cabin Crew Manual, 2007.

대한항공, 기내방송, 2007.

대한항공, Cabin Safety Initial Training Course, 2000.

대한항공, Cabin Service Basic Training Course, 2000.

대한항공, Flight Duty Manual, 2000.

이영희 · 이지민, 항공객실서비스 실무, CENGAGE, 2015.

조선이, 항공객실서비스 실무, 백산출판사, 2010.

지희진, 지교수의 행동하는 매너 메이킹하는 이미지, 한올, 2014.

최성수, NCS시리즈 비행 중 서비스, 한올, 2016.

최성수, NCS시리즈 승객탑승 전 준비 & 승객 탑승 및 이륙 전 서비스, 한올, 2016.

최성수, NCS시리즈 승객하기 후 관리, 한올, 2016.

최성수, NCS시리즈 착륙 전 서비스 & 착륙 후 서비스, 한올, 2016.

최승리 · 이지은 · 이정화, 승무원 이미지메이킹, 한올, 2015.

Reis, H. T., Nezlek, J., & Wheeler, L., Physical attractiveness in social interaction, Journal of Personality and Social Psychology, 38(4): 604, 1980.

국가법령정보센터 http://www.law.go.kr

대한항공 홈페이지 www.koreanair.com

아시아나항공 홈페이지 flyasiana.com

한국항공진흥협회 www.airtransport.or.kr

항공정보포탈시스템 http://www.airportal.go.kr

저자 소개

조희수

경기대학교 관광경영학과 관광학 박사

대한항공 객실승무원

정화예술대학교 관광학부 항공서비스전공 교수

저자와의
합의하에
인지첩부
생략

서비스 롤 플레이

2020년 2월 25일 초판 1쇄 발행
2021년 3월 15일 초판 2쇄 발행

지은이 조희수
펴낸이 진욱상
펴낸곳 (주)백산출판사
교 정 편집부
본문디자인 신화정
표지디자인 오정은

등 록 2017년 5월 29일 제406-2017-000058호
주 소 경기도 파주시 회동길 370(백산빌딩 3층)
전 화 02-914-1621(代)
팩 스 031-955-9911
이메일 edit@ibaeksan.kr
홈페이지 www.ibaeksan.kr

ISBN 979-11-90323-79-6 93980
값 13,000원